길진형의 생애와
독립운동

⋮

길진형의 생애와 독립운동

발행일   2026년 1월 5일

지은이   김일환
펴낸이   손형국
펴낸곳   (주)북랩

출판등록   2004. 12. 1(제2012-000051호)
주소   서울특별시 금천구 가산디지털 1로 168, 우림라이온스밸리 B동 B111호, B113~115호
홈페이지   www.book.co.kr
전화번호   (02)2026-5777   팩스   (02)3159-9637

ISBN   979-11-7598-066-2 93910 (종이책)   979-11-7598-067-9 95910 (전자책)

작가 연락처 문의 ▸ ask.book.co.kr

전용 게시판에 문의를 남기시면 저자에게 직접 전달됩니다.

(주)북랩 성공출판의 파트너

북랩 홈페이지와 SNS에서 다양한 출판 솔루션을 만나 보세요!

홈페이지 book.co.kr   •   **블로그** blog.naver.com/essaybook   •   **출판문의** text@book.co.kr
카톡채널 북랩

김일환 지음

길진형의 생애와
독립운동

:

식민지 법정에서 미주 한인사회까지,
짧지만 불꽃 같았던 생애, 길진형
그가 걸어간 독립운동의 길을 기억하다!

북랩

책을 내면서

⋮

　이 책을 쓰게 된 것은 길선주 목사로부터 비롯되었다. 길선주 목사의 둘째 아들인 길진경(吉鎭京)이 쓴 『영계 길선주』에서 첫째 아들 길진형이 105인 사건에 연루되어 옥고를 치르고 결국 그때 얻은 병으로 일찍 세상을 떠난 이야기를 처음 읽었다. 책을 읽으면서, "아들을 먼저 떠나보낸 길선주, 신선행 부부의 마음이 얼마나 괴로웠을까?" 생각한 적이 있다. 그리고 길진형의 이름을 잊어버리고 지냈다.

　2024년에 길선주 목사의 전기를 쓸 기회가 생겨서 책과 여러 자료를 보면서 길진형의 이름을 다시 기억하게 되었다. 그리고 그의 짧은 생애를 살펴보면서 다른 사람들에게 그의 삶과 활동을 알리고 싶어서 『한국교회 부흥의 선구자 길선주』에 일부분을 소개했다. 또한 길선주 목사와 아들 길진형, 길진경의 독립운동을 연구한 논문을 쓰면서 그의 생애와 활동을 더 많이 소개하기는 했지만, 여전히 아쉬움이 남았다.

　길진형(吉鎭亨, 1891-1917)은 영계(靈溪) 길선주(吉善宙) 목사의 첫째 아들이다. 길선주 목사는 한국 장로교회 역사상 최초로 목사가 된 7명 중 한 명이며, 1907년에 일어난 평양 대부흥의 지도자로 널리 알려진 인물이다. 또한 그는 3·1운동 당시 민족 대표 33인 중의 한 사람으로, 옥고를 치렀고, 대한민국 정부는 그의 독립운동 공훈을 인정하여 2009년에 건국훈장 독립장을 추서했다.[1] 길진형은 일제가 1911년에 '데라우치(寺内正毅) 총독 모살(謀殺) 미수 사건'으로 조작한 105인 사건의 혐의자로 체포되어 1912년 9월에 열린 경성지방법원 1심 재판에서 징역 5년을 선고받았고, 1913년 3월 20일에 열린 경성복심법원 재판에서 무죄 판결을 받아 체포된 지 1년 5개월 만에 석방되었다. 하지만 구속되어 있는 동안 허위 자백을 강요하는 일본 경찰에게 심한 고문을 받았다. 석방 후에도 일제의 감시가 계속되어 중국 상하이(上海)로 피신한 후 1913년 9월에 미국으로 건너가 미주 흥사단(興士團)과 대한인국민회(大韓人國民會)를 중심으로 교육 활동을 전개했다. 그러나 고문 후유증의 악화로 1917년 11월에 귀국한 후 26세의 젊은 나이에 세상을 떠났다. 시간이 많이 흐른 후 1990년에 대한민국 정부는 그의 독립운동 공훈을 기려서 건국훈장 애족장(1977년 대통령 표창)을 추서했다.[2]

길진형의 삶을 이렇게 짧게 소개할 수 있지만 그러기에는 무언가 역사가로서 의무를 다하지 않은 것 같은 불편함이 생겼다. 그래서 그의 스물여섯 해 생애를 찬찬히 살펴보기로 마음먹고 책을 쓰는 일을 시작

---

1) 국가보훈처 편, 『독립유공자공훈록 제18권』(서울: 국가보훈처, 2010), 55.

2) 공훈전자사료관 독립유공자 공적 정보(https://e-gonghun.mpva.go.kr/user/ContribuReportDetailPopup.do?goTocode=0&mngNo=1532&), 2025년 9월 29일 접속.

했다.

이 책은 크게 네 부분으로 나누어져 있다. 첫 번째 장에서는 길진형의 어린 시절과 학교생활을 다루었다. 그의 조부모와 부모 등 집안 내력과 동생인 진경, 진주, 진섭의 성장 과정과 활동 등을 살펴보았고, 길진형이 예수교 소학교(숭덕학교), 숭실중학교, 숭실대학에서 공부한 이력과 평안북도 선천 출신의 오순애와 만나서 결혼하게 된 과정을 다루었다. 그리고 짧은 기간이었지만 숭실대학 졸업 후에 선천의 신성중학교에서 교사로 재직한 경력도 소개했다.

두 번째 장에서는 길진형이 1911년에 일어난 105인 사건의 가담자로 체포되어 고문을 당하고 재판을 받는 과정과 체포된 지 1년 5개월 만에 석방되는 과정을 살펴봤다. 이를 위하여 일제가 데라우치 총독 모살 미수사건으로 조작한 105인 사건의 개요와 사건을 조작하기 위하여 체포된 사람들에게 가한 참혹한 고문에 대해서 다루었다. 이 고문 때문에, 길진형을 포함한 대부분의 사람은 경무 총감부가 짜놓은 각본대로 자백할 수밖에 없었지만, 재판 과정에서 고문과 거짓 자백이 드러나기도 했다.

세 번째 장은 1913년 3월에 석방된 길진형이 상하이를 거쳐 미국으로 건너가서 대한인국민회와 흥사단을 중심으로 교육 운동을 실행한 내용을 다뤘다. 먼저 중국 상하이로 가서 김규식의 도움을 받아 곽태종, 윤필건, 오종현 등과 함께 미국으로 가는 여정을 살펴보았고, 이어서 샌프란시스코에 도착한 후 대한인국민회와 흥사단에 가입하는 경위와 캘리포니아주 클레어몬트로 거주지를 옮긴 후 대한인국민회 클레어몬트 지방회, 학생양성소, 유년하기국어강습소 등을 통하여 활동한 상황을 살펴보았다.

네 번째 장은 길진형의 죽음과 그 후 아버지와 동생이 3·1운동에 참여한 내용과 부인 오순애의 활동을 다뤘다. 여기에서는 길신형이 105인 사건 당시 고문을 당한 후유증이 악화되어 4년 동안의 미국 생활을 접고 귀국한 후 세상을 떠나게 된 상황과 그가 별세한 후에 아버지 길선주 목사와 동생 길진경이 3·1운동에 참여하면서 길진형이 품은 민족 독립의 뜻을 되살리는 정황을 살펴보고, 이어서 그의 부인 오순애가 해방 전 선천에서 교육 활동을 펼친 내용도 살펴보았다.

막상 집필을 시작했지만, 그를 알 수 있는 자료는 너무 한정되어 있었다. 소량의 자료조차 파편처럼 흩어져 있고, 길진형이 세상을 떠난 지 100년이 넘게 흘러 그를 직접 기억해 줄 사람도 없었다. 그러므로 그의 삶을 복원하는 이 책은 필자 스스로 생각해도 엉성해 보인다. 부디 독자들께서는 남은 자료가 부족하여서 그럴 것이라고 너그럽게 이해해 주시기를 바란다. 마지막으로 이 작은 책을 읽는 분들이 험난한 시대를 살았던 한 젊은 독립운동가의 신념과 노력을 소중하게 기억해 주기를 소망한다.

2025년 12월

향산(鄕山) 김일환(金一煥)

목차
:::

1장

⋮

어린 시절과 학교생활

1.
길진형의 가족사

길진형은 1891년 2월 17일에 평양에서 길선주(吉善宙, 1869-1935)와 신선행(申善行, 1864-?) 부부의 첫째 아들로 태어났다. 길선주의 민적(民籍) 등본에는 길진형의 출생일이 메이지(明治) 24(1891)년 1월 9일로 적혀 있다. 이 날짜는 음력이며, 양력으로 바꾸면 2월 17일이 된다. 그래서 길진형은 1913년 10월 13일에 미국에서 흥사단에 가입하면서 쓴 이력서에 출생일을 건국 기원 4224(1891)년 2월 17일로 적었다.

길진형의 아버지 길선주는 1907년에 한국장로교회가 처음 노회(老會)를 조직할 때[3] 최초로 목사가 된 7명 중 한 명이다. 이때 목사로 안수받은 사람은 길선주, 서경조, 송인서, 방기창, 양전백, 이기풍, 한석진 등

---

3) 장로교회(Presbyterian Church)의 노회(presbytery)는 일반적으로 일정한 지역 내의 모든 목사와 지교회(支敎會, 개별 교회)에서 파송한 장로로 구성한다. 1907년에 한국에 있는 선교사(미국 남·북 장로교, 캐나다 장로교, 호주 장로교가 파송한 선교사)와 한국인 장로들이 모여서 처음으로 대한(국)예수교장로회 노회를 조직했는데, 이때는 한국 전 지역이 하나의 노회로 편성되었다. 이 노회를 일명 '대한예수교장로회 독립(獨立)노회', 혹은 '대한예수교장로회 독(獨)노회'라고 부르기도 했다.

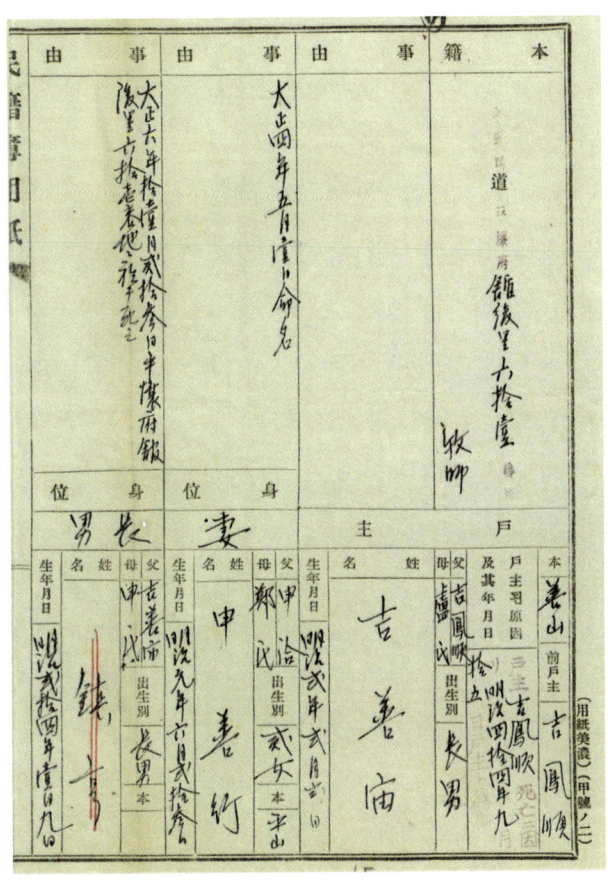

길선주의 민적(民籍)등본 ⓒ 국사편찬위원회 전자 사료관

이다.[4] 그리고 같은 해 1월에 평양에서 일어난 대부흥(Pyongyang Great Revival) 당시 평양 장대현교회(章臺峴敎會)의 장로였던 길선주는 이 대부

----

4) 『대한예수교장로회 노회 회록』(1907), 10.

홍을 이끈 지도자로 유명해졌다.[5] 길진형의 어머니 신선행은 평안남도 안주목(安州牧) 성내의 무관 신협(申冶)의 딸로 15세 되던 1879년에 10살인 길선주와 결혼했다.

길진형의 할아버지 길봉순(吉鳳順, 1829-1911)은 1883년 12월부터 1886년 1월까지 평안도 노강첨사(老江僉使)를 지낸 무인(武人)이었다.[6] 노강진(老江鎭)은 안주(安州)에서 서쪽으로 70리 떨어진 평안남도 용강군(龍岡郡) 삼화면(三和面) 해안에 설치한 수군진(水軍鎭)이다. 길진형의 집안은 고려 말 문신으로 고려가 망하자, 경상도 선산(善山)으로 낙향하여 학문 연구와 제자 양성에 전념한 야은(冶隱) 길재(吉再, 1353-1419)의 후손이다. 길진형이 태어나던 시기에는 길선주 부부가 평양에서 살고 있었지만, 원래 이들 가족의 고향은 안주였다. 언제부터 안주에서 살았는지 알 수 없지만 길봉순 이전부터 안주에 거주한 것으로 보인다.

....

5) 평양 대부흥은 1907년 1월 2일부터 평양 장대현교회에서 열린 평안도 지역 겨울 남자 사경회(Bible Training Class)에서 일어난 '회개, 개종, 성령의 체험 현상'으로, 평양에서 시작하여 평안도 지역뿐 아니라 전국적으로 확산된 신앙적 체험과 그에 따른 실천 운동을 말한다. 평양 대부흥의 배경 및 시작과 진행 상황, 전국적 확산 과정 등에 관해서는 다음 연구를 참고하라. 박용규, 『평양대부흥운동』(서울: 생명의말씀사, 2007), 221-582.

6) 『승정원일기』 고종 20년(1883) 12월 29일; 고종 23년(1886) 2월 30일. 길봉순이 무과에 급제한 기록은 없다. 1881년 5월 19일에 강화도 장곶첨사(長串僉使)를 임명할 때 안순갑(安順甲), 이회식(李會植), 길봉순 등 3명이 후보자였는데(三望), 그중 안순갑이 낙점(落點)되었다. 한국학중앙연구원 한국학자료통합플랫폼, "한국의 과거급제자," (https://kdp.aks.ac.kr/inde/main?itemId=8); 「朝報 二五」(1881년), 번호 二一一, 국사편찬위원회 한국사데이터베이스(한국사료총서, 日本所在韓國古文書, 天理大學所藏韓國古文書)(https://db.history.go.kr/diachronic/level.do), 2025년 3월 19일 접속.

조선시대 평안도 안주와 평양 지역(輿地圖) ⓒ 서울대학교 규장각한국학연구원

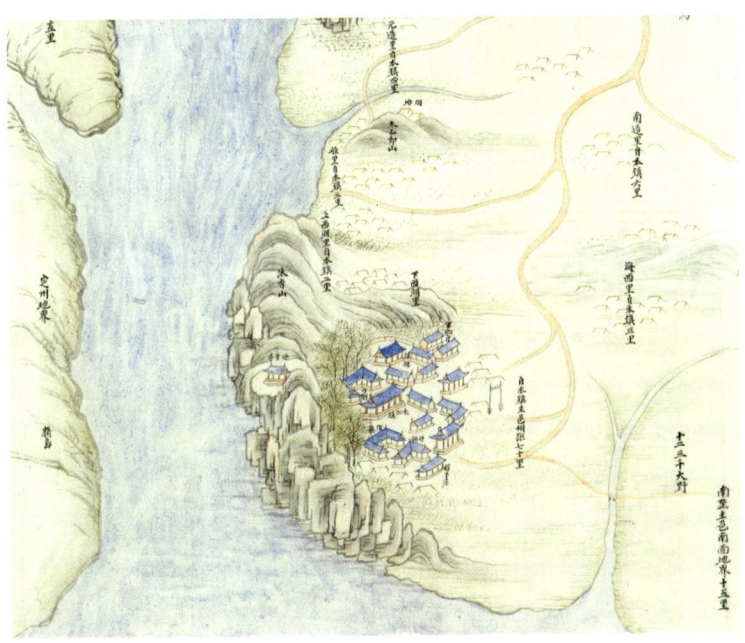

노강진의 모습(지방지도, 1872년) ⓒ 서울대학교 규장각한국학연구원

길진형이 태어나던 때는 길선주가 선도(仙道)에 심취해 있던 시기였다. 그는 1887년 여름쯤부터 중국 삼국시대 촉(蜀)나라의 장군 관우(關羽)를 숭배하는 관성교(關聖敎)에 심취했는데, 도교 계열의 관성교는 조선 후기부터 본격적으로 성행했다.[7] 길선주는 선도 수행으로 유명한 평양의 장득한(張得漢)을 만나서 수행에 관해서 배우기도 했다. 김인서(金麟瑞)는 길선주가 10년간 선도 수행을 하던 상황을 이렇게 묘사하기도 했다.

> 선생은 평양에 거하는 선도사(仙道師) 장득한을 찾아 선도를 수련하기 시작하여 옥경(玉經)을 배우고 구령삼정주문(九靈三精呪文)을 외우며 또 육정육갑술(六丁六甲述)과 육경신(六庚申)을 수(修)하며 장량의 도인법(道引法)과 소강절(昭康節) 정좌법(靜坐法)과 신차력과 수차력(水借力)과 약차력(藥借力) 등을 차제로 수련하였다. 십구 세로 이십구 세까지 자주 입산 수련할새 대성산 두타사와 상산 백운암과 자산 안국사에서 년년(年年) 혹 이십 일 혹 사십구일 혹 백일기도를 거듭하면서 밤을 새워 수련할 때에 촛불로 손가락을 지져가면서 불침불휴(不寢不休)로 정진하였으니 선생의 학성(學誠)과 굳은 의지는 이종교(異宗敎) 수련 시에부터 남보다 뛰어났다.[8]

길선주는 부인에게도 선도 수행을 권하여 부부가 함께 주문을 암송

---

7) 길선주가 심취한 관성교는 1920년에 박기홍(朴基洪), 김용식(金龍植) 등이 설립한 관성교와는 다른 것이다. 김일권, "조선 후기 關聖敎의 敬信修行論," 「도교문화연구」 제40호(2014.5), 157-185.

8) 김인서, "영계 선생 소전(상)," 「신학지남」 통권 60호(1931.11), 39. 원문은 국한문으로 되어 있는데, 필자가 한글로 바꾸고 일부분만 한문을 괄호에 넣었다.

하면서 수행에 심취했다고 한다. 그들은 영웅을 낳기 위한 부부생활도 실천했는데,[9] 그런 과정에서 첫째 아들 진형이 건강하게 태어났다.

길진형의 형제로는 남동생 진경(鎭京), 진섭(鎭燮)과 여동생 진주(鎭周)가 있었고, 어린 나이에 세상을 떠난 숙형(淑亨)과 진숙(鎭淑)도 있었다.

길선주 목사 부부와 자녀(오른쪽에서부터 진경, 진주, 길선주 목사에게 안겨 있는 진섭, 진형[10] ⓒ Princeton Theological Seminary, Moffett Korea Collection.

9) 옥성득, 『한국기독교형성사: 한국 종교와 개신교의 만남 1876-1910』(서울: 새물결플러스, 2020), 639. 선도에서는 방중술(房中術)도 중요하게 여겼는데, 길선주는 나중에 목사가 된 후에도 건전한 부부생활과 성교육에 관심을 가졌다. 그는 건전한 성교육을 통하여 훌륭한 자손이 태어나게 하고 이를 통하여 민족을 발전시켜야 한다고 생각했는데, 이것을 '영웅 낳는 법'이라고 했다. 길진경, 『길선주』(서울: 두란노, 2007), 34.

10) 1907년 2월에 태어난 길진섭이 길선주 목사의 품에 안겨 있고, 1911년에 구속되는 길진형이 함께 있는 것으로 봐서 1907년부터 1911년 사이에 촬영한 것으로 보인다.

2.
길진형의 동생들

1] 길진경(1902-1989)

길진경은 1902년에 1월 9일에 태어났다. 그는 1917년 3월 19일에 숭덕학교(崇德學校) 고등과를 졸업하고,[11] 숭실중학교에 입학하여 공부한 후 1919년에 제15회로 졸업했다.[12] 그는 3·1운동 당시 숭실중학교 선후배인 이보식(李輔植), 김태술(金泰述), 이겸호(李謙浩), 이인선(李仁善) 등과 함께 숭덕학교에서 만세 시위를 주도하였고, 그해 3월 15일경부터 26일까지 같은 동료들과 함께 등사판 「독립신문」(후에는 「독닙신보」)을 제작하여 학교 주변과 평양 시내에 배포했다. 그는 이 일로 체포되어 수감 생활을 했다. 또한 출옥 후에 중국 난징으로 건너가서 금릉대학에 다니는 동안에도 대한민국 임시정부와 모종의 관계를 형성하여 1924년 6월 25

---

11) "숭덕학교 졸업식," 「매일신보」 1917년 3월 21일.

12) 숭실대학교 한국기독교박물관 편, 『평양숭실대학 역사 자료집 VI: 숭실교우회 회원명부』(서울: 숭실대학교 한국기독교박물관, 2017), 129.

일 상하이에서 돌아올 때 비밀 서신을 휴대했다는 이유로 인천항에서 체포되어 조사를 받기도 했다.

귀국한 후에는 1930년 4월 3일에 평양 장로회신학교에 입학하여 1933년 3월에 제28회로 졸업하고 그해 10월 3일에 목사 안수를 받아 목회자의 길을 걸어갔지만,[13] 평양노회 서기로 시무하던 1935년 12월에 일제가 신사참배를 강요하는 상황 중에 노회 소집을 중지하려고 하자 이에 저항하기도 했다.[14]

1945년 해방 이후 월남한 후에는 미국 더뷰크대학교(University of Dubuque) 신학대학원 유학을 하고 한남신학교 교장, 경복교회 담임목사(1955-1956), 한국기독교장로회 총회장(1960), 한국기독교연합회 총무(1961) 등을 역임했다.

2) 길진주(1904-?)

길진주는 1904년 8월 26일에 태어났다. 진주는 아버지를 닮아서 어린 시절부터 전도에 열정이 넘쳤다. 숭의여중에 재학할 때는 평양청년

---

13) "신학교 소식," 「신학지남」 통권51호(1930.5), 82; "신학교 소식," 「신학지남」 통권68호(1933.3), 69; "평양교회 소식," 「신학지남」 통권72호(1933.11), 81.

14) "참배 여부 결정할 장로교 노회 금지," 「조선일보」 1935년 12월 7일; "노회 소집장 취소로 쌍방이 강경 대립," 「조선일보」 1935년 12월 10일.

회(YMCA) 여전도대(女傳道隊)와 숭현(崇賢) 전도회 회원으로 활동하면서 회원들과 함께 평안도 지역을 순회 전도했는데, 특히 성악에 재능이 있어서 전도 강연회에서 독창을 자주 하여 박수를 받기도 했다.[15] 진주는 1921년 3월에 홍마리아, 윤은현, 이덕실, 김인숙, 주봉은, 김재실, 김옥석, 이수은, 전성도, 이성수, 김세라, 송순희 등과 함께 숭의여중을 12회로 졸업했는데, 그때 아버지 길선주 목사는 직접 졸업생들을 위하여 간절히 기도해 주었다.[16] 진주는 같은 해 4월 7일에 일본 시모노세키(下關)에 있는 바이고(梅光) 여학교에 입학하여 공부했다.[17] 그 후 1925년에 미국으로 유학을 떠나 파크대학, 무디성서학원, 시카고대학교 등을 거쳐 1935년에 루이스대학을 졸업했으며,[18] 유학생인 장세운(張世雲, 1895-1985)과 결혼하여 미국에 정착했다. 장세운은 평안남도 출신으로 강서군 문천(聞天) 중학교, 서울 연희전문학교를 졸업하고 도미하여 시카고대학교 대학원 수리학부에서 공부하여 1924년 5월에 석사학위를 취득했으며, 1938년에 노스웨스턴대학교(Northwestern University)에서 수학을 전공하여 박사학위를 받았다. 그는 북미조선학생총회 설립에 참여하여 편집부장(1923-1924), 이사회 회장(1924-1926), 총회 회장(1927-1928) 등

---

15) "여전도대 활동," 「동아일보」 1920년 5월 9일; "전도회 3주년 기념," 「동아일보」 1920년 5월 15일; "여자 기독청년회," 「동아일보」 1920년 7월 5일; "기독교청년회 강연," 「동아일보」 1920년 7월 8일.

16) "숭의여교 졸업식," 「동아일보」 1921년 3월 28일.

17) "일본 유학의 8여자," 「동아일보」 1921년 4월 11일.

18) "길진주 여사는 유학차로 도미," 「신한민보」 1925년 11월 19일; "길진주 양 시카고에 전학," 「신한민보」 1929년 5월 23일; "길진주 여사 졸업," 「신한민보」 1935년 6월 27일.

을 역임했으며, 북미조선학생총회의 기관지 「우라키(The Rocky)」의 창간과 발행에도 관여하여 편집위원(1923-1925)을 지냈다. 시카고 한인 감리교회 설립 멤버로 1924년 염광섭과 함께 전도사로 선임되있고 1928년부터 2년간 목사로 시무했다. 장세운, 길진주 부부는 시카고에서 20어년 동안 지내다가 1942년 6월에 캘리포니아주로 이주했다. 장세운은 1940년대 후반부터 1960년대까지 캘리포니아주 몬터레이의 국방어학원(Defense Language Institute)에서 한국어 교수로 재직했다.[19]

3) 길진섭(1907-1975)

1907년 2월 20일에 태어난 길진섭은 형들과 누나와는 다른 예술가의 삶을 살았다. 그는 일찍부터 자유분방한 성격을 가지고 있었다. 1921년 숭실중학교에 입학한 이후에도 학과 시간이나 채플 시간에 학교를 빠져나와 만수대 풀밭 위에 누워서 맑은 하늘을 쳐다보는 버릇이 생겼고, 아버지 길선주 목사의 설교를 잊어버리고 자정에 담을 넘어 새벽까지 대동강에서 달구경을 할 정도로 자유로운 성격을 지녔다고 회고했

19) UChicago Library, Collections & Exhibits, Exhibits, Forest of Leaders: Talents and Impacts of UChicago's Korean International Students, "SAE WOON CHANG 장세운"(https:// www.lib.uchicago.edu/collex/exhibits/forest-of-leaders-korean/earlystudents/sae-woon-chang/), 2025년 4월 7일 접속.

다.[20) 주변 사람들은 그가 신앙적 규범을 따르지 않는다고 비판하기도 했다.[21)

결국 그는 숭실중학교를 졸업하지 않고 1923-24년경 미술에 뜻을 두고 서울로 올라와 중앙고등보통학교(中央高等普通學校)에서 기초적인 서양화 교육을 받았으며,[22) 서화협회(書畫協會)에서 후진 양성을 위해 설립한 서화학원(書畫學院)을 드나들며 그림을 배웠다.[23) 그는 1925년에 제5회 서화협회미술전람회(書畫協會美術展覽會)에 유화 작품인 「자화상」과 「풍경 스케치」를 출품했으며,[24) 같은 해에 제4회 조선미술전람회(朝鮮美術展覽會)에 「풍경」을 출품하여 입선(入選)했다.[25)

그 후 1926년경에 일본 도쿄로 유학을 떠나 가와바타화학교(川端畫學校)에서 미술학교 입학을 위한 체계적인 서양화 수업을 받은 후 1927년 도쿄 미술학교 서양화과에 특별학생으로 입학하여 공부했다.[26) 그는 2학년에 재학 중이던 1928년 제7회 조선미술전람회에 「정물(靜物)」을 출

---

20) 길진섭, "불효자서(不孝自叙)," 「여성」 4권 7호(1939.7), 70-71.

21) 길진섭은 자신의 주변 사람들이 종교 위에서 자신을 단죄했고 사회적 모럴 위에서 저울질했다고 언급했다. 길진섭, "미운 고향," 「문장」 3권 4호(1941.4), 226.

22) 신혜리, "華岩 吉鎭燮(1907-1975)의 作品世界 硏究"(이화여자대학교 석사학위논문, 2024), 7-8.

23) 김소연, "1920년대 미술교육과 근대화단의 재편," 「한국근현대미술사학」 38(2019), 88-89.

24) 김복진, "협전 5회 평," 「조선일보」 1925년 3월 30일.

25) 김복진, "제4회 미전 인상기," 「조선일보」 1925년 6월 3일.

26) 신혜리, "華岩 吉鎭燮(1907-1975)의 作品世界 硏究," 12, 16

품하여 입선했으며,[27] 1930년에는 도쿄 미술학교 동문들이 조직한 동미회(東美會)나 백만양화회(白蠻洋畵會)를 통해서 작품활동을 했다.[28] 그는 1932년에 도쿄 미술학교를 졸업하면서 졸업 작품으로 「옆으로 누운 나부(裸婦)」와 「자화상」을 제출했다.[29]

길진섭은 졸업 후 귀국하여 서울에 정착하였고, 1934년 5월에 김용준, 이종우, 이병규, 김응진, 송병돈, 황술조, 구본웅 등과 함께 서양화 단체인 목일회(牧日會)를 조직하고 전시회를 여는 등 1930년대에 활발한 활동을 했다. 또한 1939년 창간된 문예지 「문장(文章)」의 디자인 편집위원을 담당했으며, 김상용의 시집 『망향(望鄕)』(1939), 염상섭의 소설 『삼대(三代) 上』(1939), 정지용의 시집 『백록담(白鹿潭)』(1941)의 표지화나 「신세기(新世紀)」, 「산문(散文)」 등의 표지화 작업을 통해서 문학인들과도 활발하게 교류했다.[30]

길진섭은 해방 후 1945년 8월에 조선미술건설본부에 가입하고 11월에는 조선미술협회에 가입했으며, 1946년 2월에는 조선조형예술동맹 가입 후 부위원장, 11월에는 조선 미술동맹 가입 후 서울지부 위원장과 중앙위원장을 지내면서 좌익 계열의 예술가로 활동했다. 같은 해 9월

---

27) 「조선총독부관보」 제430호(1928년 6월 6일), 47.

28) 신혜리, "華岩 吉鎭燮(1907-1975)의 作品世界 研究," 20-21.

29) 위의 논문, 18-19.

30) 위의 논문, 44-49.

길진섭의 「자화상」(1932년) 동경예술대학 대학미술관 소장

길진형의 생애와 독립운동

에는 서울대학교 예술학부 미술과 교수로 취임했다.[31] 그는 1947년 연말 이후에 월북하여 1948년 8월 해주에서 열린 남조선인민대표자대회에 참석한 후 제1기 최고인민회의 대의원으로 선출되었으며, 국립 미술제작소의 소장, 평양미술전문학교에서 교원을 역임했다. 1952년에는 조선미술가동맹 중앙위원회 부위원장에 선임되었다.[32] 그는 정치적인 주제화들 외에 「옹진 바다 전망」(1956), 「종달새가 운다」(1957), 「농촌의 모녀상」, 「금강산 신계사 가는 길에」(1962), 「바닷가 풍경」(1966) 등 풍경화와 인물화도 많이 남겼다.

---

31) 위의 논문, 54.

32) 리재현, 『조선력대미술가편람(증보판)』(평양: 문학예술종합출판사, 1999), 256.

3.
학생 시기와 결혼

1) 예수교 소학교(숭덕학교) 시기

길진형은 어릴 때부터 똑똑하고 재주가 많아서 아버지 길선주의 기대가 남달리 컸으며, 길선주는 내심 아들이 목사가 되기를 바랐다고 한다. 길진형은 네 살 때 천자문을 다 외우고, 한시를 배우는 대로 읽고 뜻을 풀이했으며, 또한 『명심보감』을 모두 암송할 정도였다.[33] 그는 1898년부터 널다리교회(장대현교회의 전신)의 소학교(小學校)에서 공부했다.

이 소학교의 설립 역사에 대해서는 서로 다른 기록이 전해진다. 1915년에 평양 숭실학교가 펴낸 『숭실학보(崇實學報)』에서는 숭덕학교의 역사를 이렇게 기록하고 있다.

---

33) 길진경, 『길선주』, 86-87.

본교(本校)의 역사(歷史)를 약론(畧論) 하건대 주후 1894년 갑오 춘(春)에 미국인 선교사 마포삼열 씨가 평양 예수교회당 내에 학교를 창설하고 동(同) 1895년에 미국인 선교사 이길함 씨가 평양 보통문 내에 우(又) 학교를 실립하고 동(同) 1901년에 길선주 씨 등 기인(幾人)이 평양부 장대현(將坮峴)에 우(又) 일학교(一學校)를 설립하여 익년(翌年)에 판동학교를 차에 합병하였고 1905년에 선교사 소안론 씨는 남문 외(外) 회당 내에 1906년에 선교사 편하설 씨는 판동 회당 내에 1908년에 선교사 배위량 씨는 창동 회당 내에 각기 일학교를 설립하였더라. 동(同) 1908년 9월에 이상 오처(五處) 학교를 합하여 숭덕학교(崇德學校)라 명칭(名稱)하니라. 교사(校舍)는 장대현에 이층으로 신(新)히 건축하였다가 동(同) 1911년 1월경에 교사 전부가 소화(燒火)되고 시년(是年)에 갱(更)히 교사 건축에 착수하여 연와제(煉瓦製) 3층(三層) 교사를 축성(築成)하니 시(時)는 동(同) 1912년 12월 이러라. 본교는 보통과, 고등과의 양과(兩科)를 병치(倂置)하여 교육하며 직원은 교장 외 십이인(拾貳人)이오. 현재 학도 수는 425인이라. 졸업 횟수는 14회인데 졸업생 총수는 258인이라. 본교는 평양예수교장로회(平壤耶蘇敎長老會)에서 조직한 학회에서 주관(主管)하며 해회위원(該會委員)은 이일영(李一永) 목사 등 24인이더라.[34]

이 기록에서는 5개의 소학교를 언급했는데, 선교사 마펫(Samuel A. Moffett, 마포삼열[馬布三悅])이 1894년 봄에 널다리교회에서 시작한 학교와 선교사 그레이엄 리(Graham Lee, 이길함[李吉咸])가 1895년에 보통문 내에

34) "숭덕학교 역사," 평양숭실학교 편, 『숭실학보』(평양: 평양숭실학교, 1915), 97. 국한문(國漢文)으로 되어 있는 본문을 필자가 현대어로 고치고 필요한 경우에 한자를 괄호 안에 넣었다.

서 시작한 학교, 길선주 등이 1901년 장대현에 학교를 설립하고 널다리 교회 내에 있던 학교와 합병한 학교, 1905년에 선교사 스왈른(William L. Swallen, 소안론[蘇安論])이 남문밖교회 내에 설립한 학교, 1906년에 선교사 번하이슬(Charles F. Bernheisel, 편하설[片夏薛])이 산정현교회 내에 설립한 학교,[35] 1908년에 선교사 베어드(William M. Baird, 배위량[裵偉良])가 창동교회 내에 설립한 학교 등이다. 그리고 1908년에 이 학교들을 통합하였고 교명을 숭덕학교라고 정했다는 것이다.

그런데 1925년 강규찬(姜奎燦), 김선두(金善斗), 변인서(邊麟瑞) 등이 저술한『평양노회 지경 각 교회사기』에서는 숭덕학교의 설립 역사를 다음과 같이 기록하고 있다.

동년(同年, 1898년)에 부내(府內) 판동과 보통문 내에 사숙(私塾)을 설립하니 시(是)가 숭덕학교의 기원이라. 양처(兩處) 학생이 각 50여 명이오, 길선주, 정익노(鄭益魯) 2인을 사숙 위원으로 택하고 계명륙(桂明陸), 장석주(張錫周), 황준국(黃濬國)은 판동 사숙에서 교수하고, 방기창(邦基昌), 박자중(朴子重), 김형찬(金亨贊)은 보통문 내 사숙에서 교수하다.[36]

---

35) 1906년 1월 7일에 장대현교회에서 분립한 산정현교회는 분립 당시에는 널다리(판동)에 있는 구(舊) 예배당(널다리교회가 장대현으로 이전하기 전까지 사용하던 처음 예배당)을 사용하다가 1907년에 평양부 융흥면(隆興面) 삼리(三里) 계동(鷄洞) 서쪽 산정현(山亭峴)에 있는 대지를 매입하여 같은 해 9월에 예배당을 준공하여 이전했다. 따라서 1906년에 번하이슬이 판동 회당 내에서 학교를 설립했다는 것은, 산정현교회 분립 당시 담당 선교사인 번하이슬이 널다리(판동) 구 예배당을 사용하고 있던 산정현교회에서 소학교를 시작했다는 것을 의미한다. 강규찬, 김선두, 변인서/이교남 역,『평양노회 지경 각 교회사기』(서울: 한국기독교사연구소, 2013), 56-57.

이 기록은 널다리교회와 보통문 내에 있던 소학교의 설립 연대를 1898년으로 기록하고 있어서, 『숭실학보』의 기록과 차이가 나지만, 1898년의 재학생 수와 각 소학교의 위원, 교사가 누구였는지를 알려준다.

마펫이 1896년 10월에 작성한 평양 지역 전도 사업 보고서에서 널다리교회가 2개의 초등학교(소학교) 운영비의 절반을 지원했다고 기록하고 있어서[37] 널다리와 보통문 내의 소학교는 1896년 10월 이전에 설립되었음을 알 수 있다. 그리고 소학교가 숭덕학교라는 교명을 갖게 된 것은, 1908년 9월이 아니라 1899년 1월인 것으로 파악된다. 1899년 1월에 평안도 관찰사 조민희(趙民熙)는 평양부 내에 있는 29개 사숙에 학교명을 내려주었는데, 이때 널다리와 보통문 내의 사숙은 숭덕학교라는 교명을 받았다.[38] 물론 이후에도 남문밖교회, 산정현교회, 창동교회 내에 소학교가 설립되었고, 이 학교들이 1908년 9월에 하나의 숭덕학교로 통합된 것으로 보인다.

그리고 1909년에는 미국 미네아폴리스에 있는 조지 이너스(George Innes)의 후원으로 장대현교회 근처 언덕에 교사(校舍)를 신축했지만,[39]

----

36) 위의 책, 26-27.

37) 마포삼열, "평양과 부근의 전도 사업(Evangelistic Work in Pyeng Yang and Vicinity)," 옥성득 편역, 『마포삼열 자료집 2』(서울: 새물결플러스, 2017), 637.

38) "서성비홍," 「황성신문」 1899년 1월 11일. 관찰사 조민희가 29개 사숙에 내려준 학교명은, 삼일(三日), 일신(日新), 사숭(四崇), 숭덕(崇德), 유예(遊藝), 신흥(新興), 의신(義信), 월현(月峴), 돈의(敦義), 남호(南湖), 신문(新文), 읍양(揖讓), 삼역(三亦), 죽헌(竹軒), 융덕(隆德), 건용(見龍), 신희(新希), 사일(事一), 신일(新日), 성심(誠心), 치격(致格), 삼성(三省) 몽진(蒙眞), 만희(晩喜), 양진(養眞), 사교(四敎), 만오(晩晤), 신우(新又), 석음(惜陰) 등이다.

39) 해리 로즈/최재건 역, 『미국 북장로교 한국선교회사』(서울: 연세대학교 출판부, 2009), 163.

1911년 1월에 화재로 전소되어 1912년 12월에 재건축했다.

숭덕학교 교사 낙성식(1912년) © Presbyterian Historical Society

　　1898년에 널다리교회 내의 소학교에 입학한 길진형은 널다리교회가 1901년에 장대현(將臺峴)에 새 예배당을 완공하여 이전하면서 그리로 옮겨 공부를 계속했을 것이다. 1901년 9월 5일 자 「그리스도신문」에는 이 소학교(예수교 소학교)의 6년 과정 학과목을 다음과 같이 소개하고 있어서 길진형이 재학 당시 어떤 과목을 공부했는지 알 수 있다.

[표1] 예수교 소학교의 학과목[40]

학년	과목
1	성경: 십계명, 주기도문 각 절 습독 국문: 초학언문, 성경문답 한문: 유학초계(幼學初階) 1권, 천자문 습자
2	성경: 산상보훈 각 절 습독 국문: 구세진주(救世眞主), 천로지귀(天路指歸) 한문: 유학초계 2권, 심상소학(尋常小學)[41] 1-3권 습자 / 수법(數法): 획자
3	성경: 마가복음 각 절 습독 국문: 예수교문답, 훈아진언(訓兒眞言) 한문: 초학계제(初學階梯) 1권, 진리편독삼자경(眞理便讀三字經) 지도: 오주사양(五洲仕樣), 의미 / 수법: 합법(合法)
4	성경: 마태복음 각절 습독 국문: 복음요사(福音要史) 한문: 복음운어(福音韻語), 초학계제 2-3권, 논요촬요 지도: 아시아 각국 산천 / 습자: 의미 / 수법: 감법(減法)
5	성경: 누가복음 각 절 습독 국문: 장원량우상론(長遠兩友相論), 예수행적 습독, 사도신경 한문: 구약운어(舊約韻語), 구주행술(救主行述) 지도: 지구약론(地球略論) / 사기: 조선약사(朝鮮略史) / 습자: 의미 수법: 감승법(減乘法)
6	성경: 요한복음 각 절 습독 국문: 성경도설(聖經圖說) 한문: 국민소학(國民小學),[42] 유몽천자(牖蒙千字) 1-2권 지도: 사민필지(士民必知) 시작 / 사기: 조선역사(朝鮮歷史) / 습자: 의미 수법: 기공생수 격치: 전체공용문답(全體功用問答)

40) "교회통신-평양중학교," 「그리스도신문」 1901년 9월 5일.

41) 「그리스도신문」에는 심상소학으로 되어 있지만, 이 책은 학부 편집국이 1896년에 3권으로 편찬, 간행한 『신정 심상소학(新訂 尋常小學)』으로 파악된다.

42) 「그리스도신문」에는 국민소학으로 되어 있지만, 학부 편집국이 1895년 간행한 『국민소학독본(國民小學讀本)』으로 파악된다.

예수교 소학교의 학과목은 성경, 한글, 한문, 지리, 수학, 역사, 생리학 등으로 분류하여 가르친 것을 알 수 있다. 성경은 십계명과 주기도문, 신약성경의 4복음서를 가르쳤다.

한글 과목은 선교사들이 저술하거나 번역한 책을 교재로 많이 사용했는데, 『초학언문』(마가렛 벵겔(존스 부인), 1895), 『성경문답』(존 로스/메리 스크랜턴 역, 1891), 『구세진주』(그리피스 존/베어드 역, 1895), 『천로지귀』(저드슨/베어드 역, 1890), 『훈아진언』(모티머/메리 스크랜턴 역, 1891),[43] 『복음요사』(찰스 포스터/기포드 역, 1896), 『예수교문답』(헬렌 샌포드 코언 네비어스/언더우드 역, 1894), 『장원량우상론』(윌리엄 밀른/마펫 역, 1892-94),[44] 『예수행적』(저자 미상, 1891), 『성경도설』(사이츠 부인/로드와일러 역, 1896) 등이다.

한문 과목은 『심상소학』(학부 편집국, 1896), 『초학계제』(홍콩 문유당(文裕堂) 간행, 19세기 말), 『진리편독삼자경』(그리피스 존, 1880), 『복음운어』(포스터 부인

---

[43] 『훈아진언』은 영국 잉글랜드 출신의 파벨 리 모티머(Favell Lee Mortimer, 1802-1878)가 1833년에 쓴 전도 문서 *The Peep of Day*를 번역한 것으로, 1865년에 출간된 중역본(中譯本) 『訓兒眞言』을 1891년에 메리 스크랜턴(Mary F. Scranton, 1832-1909)과 무명의 한국인이 번역한 것이다. *The Peep of Day*는 원래 영국 교회의 4-6세 아이들을 대상으로 쓰인 주일학교 교재였다. 아이의 눈높이에 맞추어 신체와 부모에 관한 내용으로 시작해서 영혼, 천사, 마귀, 이 세상에 대해, 성경 속 인물과 예수의 삶에 대해 총 53장에 걸쳐 간략하게 설명하고 있다. 영문 전도서 중 19세기 선교사들에게 가장 인기 있던 책이었다. 이고은, "19세기 한중 개신교 전도 문서의 번역자와 번역 태도 비교: 訓兒眞言(1865)과 훈ᄋ진언(1891)," 「번역학연구」 18/5(2017. 겨울), 146, 148-153.

[44] 『장원량우상론』은 친구 사이인 기독교인 장(張) 씨와 호기심 많은 비기독교인 원(袁) 씨의 대화 형식을 통해서 기독교의 교리 내용을 설명한 책으로, 런던선교회(The Lodon Missionary Society, LMS) 소속 말레이시아 선교사 윌리엄 밀른(William Milne, 1785-1822)이 1819년에 말라카의 영화서원(英華書院)에서 한문본으로 출판했다. 이 책을 마펫이 1892-94년 사이에 한글 번역본으로 출간했는데, 전도용으로 많이 사용했다. 이신득, "윌리엄 밀른(William Milne)의 19세기 초기 말라카 사역 연구," 「장신논단」 56/1(2024.3), 172-173; 황재범, "『장원양우상론』의 신학적 분석과 평가-중국인들의 실존적 문제들에 대한 신학적 대답들," 「신학사상」 185(2019. 여름), 81-86; 오순방, "19세기 동아시아의 최대 베스트셀러 ≪張遠兩友相論≫ 연구," 「중국어문논역총간」 24(2009.1), 271, 293.

(Mrs. Arnold Foster), 1886), 『구주행술』(두보서(杜步西), 1904), 『국민소학』(학부 편집국, 1895), 『유몽천자』(제임스 게일, 이창직, 1901-04), 『유학초계』, 『론요촬요』, 『구약운어』[45] 등을 교과서로 사용한 것을 알 수 있나. 이 한문 교과서들은 『심상소학』, 『국민소학』 등과 같이 학부(學部) 편집국에서 편찬한 책도 있고, 『진리편독삼자경』, 『유몽천자』[46] 등과 같이 선교사가 저술한 책도 있다.

지리 과목은 오주사양과 아시아 각국 산천(山川)과 같이 세계 지리와 아시아 지리를 먼저 가르친 후에 『지구약론』(학부, 1897-1906)과[47] 『사민필지』(헐버트, 1890-91)를[48] 사용하여 좀 더 자세히 교육한 것으로 보인다. 1896년 3월에 학부 편집국에서 한문본 「오주각국통속전도(五洲各國統屬

---

45) 『유학초계』, 『론요촬요』, 『구약운어』의 서지 사항은 자세히 알 수 없다.

46) 『유몽천자』는 선교사 게일(James. S. Gale, 기일(奇一), 1863-1937)이 저술하고 이창직(李昌植, 1866-1938)이 교열한 책으로 전4권 4책으로 발간되었다. 그중 제4권은 책명을 『유몽속편(牖蒙續編)』이라고 했다. 제1권부터 제3권까지는 각 일천 자의 한자를 학습하도록 구성했으며, 모두 국한문 혼용으로 되어 있는데 제1권은 주요 용어만 한자로 표기한 정도이고 점차 한문에 가까워져 제3권은 한문 문장에 국문으로 현토(懸吐)한 문장들로 이루어졌다. 남궁원, "선교사 기일[James Scarth Gale]의 한문 교과서 집필 배경과 교과서의 특징," 「동양한문학연구」 25(2007), 88.

47) 『지구약론』은 주로 한글로 되어 있으나 주요 단어 옆에는 한자를 함께 썼다. 형식적인 구분은 없으며 전체 197개 문답 형식으로 구성되어 있다. 그중 조선 8도에 대한 문답이 116개, 59%로 절반 이상을 차지하고, 아시아는 청국, 일본, 인도를 중심으로 31개, 15.8%를 차지한다. 아프리카, 유럽, 아메리카는 대륙과 대양으로 위치를 간단히 언급하고, 영국, 프랑스, 독일, 러시아는 국명과 수도의 지명을 알려주는 정도다. 즉 조선 지리 중심의 아시아 지역을 주요 내용으로 구성하고 있다는 점이 이 책의 특징이다. 강장숙, "근내세광기 지리 교과서 『디구약론(地球略論)』의 내용과 간행 정보 고찰," 「문화역사지리」 37/1(2025), 62.

48) 한글본 『사민필지』 초판은 1890-91년 사이에 출간되었고, 제2판은 1906년, 제3판은 1909년에 출간되었다. 한문본 『士民必知』는 1895년에 의정부 편사국(編史局)에서 간행했다. 호머 헐버트/고석주, 김형태 역, 『국문본 역주 사민필지』(서울: 소명출판, 2020), 5.

全圖)」와 한글본 「오대주각국전도」를 만들어 학교 교육용으로 사용했는데, 이런 지도를 사용했을 가능성도 있다.

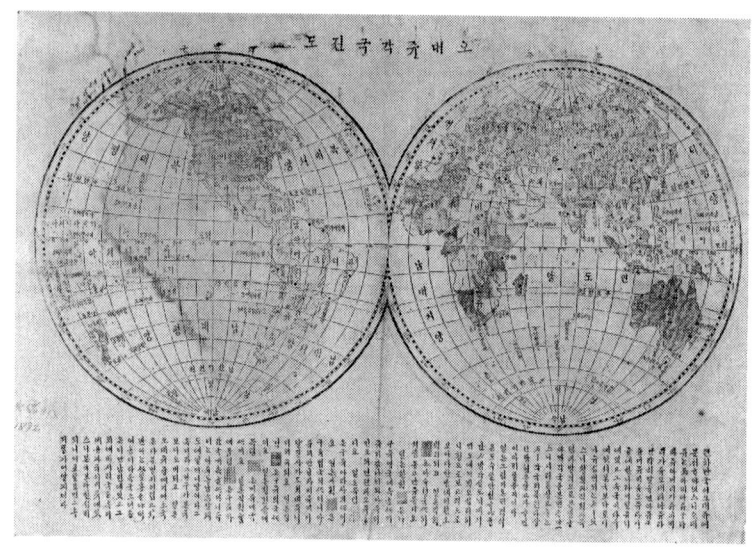

오대주각국전도 ⓒ 서울역사박물관[49]

역사 과목은 1895년에 학부에서 편찬한 『조선약사』와 『조선역사』를 교재로 사용했다. 『조선약사』는 5권 2책으로 되어 있으며, 국한문으로 단군부터 조선까지의 역사를 쉽게 서술한 책이다. 『조선역사』는 최초의 국한문 국사 교과서로 3권 3책으로 되어 있으며 사범학교용으로 만

---

49) 이 지도는 1892년 영국인이 중국에서 만든 세계지도를 조선의 학부에서 그대로 동판으로 만들어 인쇄한 것이다. 지도의 하단에는 세계 각 대륙의 이름과 약칭을 설명하고 범례를 기록했는데, 당시 세계 주요 국가의 영토를 가로선, 세로선, 점선, 사선 등으로 표시하면서, 본국과 각 대륙에 흩어져 있는 식민지를 쉽게 알아볼 수 있도록 표시했다.

든 책이다. 이 교과서들은 전통적인 한·중 기년(紀年) 표기 대신에 조선 개국 기년과 일본 및 서력기원을 함께 표기하여 청에 대한 독립 의지를 강하게 표출했다.[50]

수학은 2학년부터 숫자 쓰기, 덧셈, 뺄셈, 곱셈, 나눗셈 순으로 기르친 것을 알 수 있다. 그리고 6학년 과목으로 생리학(physiology)을 가르쳤는데, 교과서는 『전체공용문답(Lessons on the Human Body)』이었다. 이 책은 이화학당의 3대 학당장 조세핀 페인(Josephine O. Paine, 페인[陛仁])과 4대 학당장 룰루 프라이(Lulu E. Frey, 부라이[富羅伊])가 1899년에 공동 저술하여 발행한 국내 최초의 생리학 교과서로, 인체의 각 부분 구성, 기능, 위생에 관한 내용을 문답식으로 해설하고 있다.[51] 이 책은 이화학당에서 주로 교과서로 사용했는데, 평양의 소학교에서도 사용했음을 알 수 있다.

길진형은 이와 같은 학과 과정을 마친 후 1902년에 소학교를 졸업했다. 1895년 7월에 발표한 정부의 소학교령(小學校令)에는 소학교의 재학 기간이 심상과(尋常科) 3년, 고등과 2년 또는 3년으로 되어 있는데,[52] 길진형이 다닌 예수교 소학교는 6년 과정으로 운영되었다. 따라서 1898년에 입학하여 1902년에 졸업한 길진형의 재학 기간은 4년 정도였을

50) 이신철, "대한제국기 역사교과서 편찬과 근대역사학: 『동국사략』(현채)의 당대사 서술을 통한 '국민 만들기'를 중심으로," 『역사교육』 126(2013.6), 119.

51) 김향숙, "개화기 여학교의 교과 및 비교과 교양교육," 『교양교육연구』 12/3(2018.6), 172. 『독립신문』 1899년 4월 19일 자 기사에서는 『전체공용문답』의 내용 중 술과 담배 관련 내용을 소개하기도 했다. "담비와 술," 『독립신문』 1899년 4월 19일.

52) "칙령-칙령 제144호, 소학교령" 『관보』 제119호(1895년 7월 22일), 1.

것으로 짐작된다.

길진형은 5명의 동료 학생과 함께 예수교 소학교를 졸업했는데, 그들은 이 소학교의 첫 번째 졸업생이었다. 선교사 베어드는 1902년 소학교의 상황을 이렇게 기록했다.

이 학교는 금년 내내 학생 수가 계속해서 증가했습니다. 등록한 총 학생은 90명이었고, 평균 출석생은 60명이었습니다. 좌석 수를 늘리거나 작은 학교 건물을 확장하는 것이 필요하게 되었는데, 이는 우리 건물의 일부를 수리함으로 해결되었습니다. 숭실 중학의 남학생 중 한 명이 매일 오후에 교사를 도와서 가르치는 일을 했습니다. (중략) 6명의 학생들이 올해 이 학교를 졸업했는데, 이들은 숭실 중학에 입학할 것으로 기대합니다. 그들은 우리가 졸업시킨 첫 번째 학생들입니다.[53]

2) 숭실중학교 및 대학 재학과 결혼

평양 숭실학교는 1897년 10월에 베어드가 평양 신양리 사택 사랑방에서 13명의 학생을 가르치면서 시작되었다.[54] 그 후 1900년에 5년제의

---

53) "1901-02년 베어드 교육 보고서," 김용진 역, 『윌리엄 베어드의 선교 리포트 I』(서울: 숭실대학교 한국기독교박물관, 2016), 151-152.

54) *Annual Report of Pyeng Yang Station Korea Mission for the Year 1897-1898*, 18.

교과과정을 확정하고 9월 25일에 전체 30명의 학생이 등록한 상태에서 중학교(Pyeng Yang Academy)로 개학했다.[55] 교과목은 신구약 성경, 만국사, 미국과 영국의 역사, 19세기 맥켄지(Mckenzie)의 역사 연구, 산수, 대수(代數), 기하학, 생리학, 위생학, 식물학, 물리학, 천문학, 화학, 지리학, 지도 작성, 성서 지리학, 자유화(自由畵), 작문, 미용 체조법 등이었다.[56]

1901년 10월 24일에는 베어드 사택에서 멀지 않은 신양리 39번지에 2층 한옥 교사를 완공했는데, 이 건물에는 '스왈른 예배당(Swallen Chapel)'과[57] 6개의 교실이 있었다.[58]

이렇게 교사를 신축한 후 학생 수가 늘어나서 1902년에는 재학생이 57명, 1903년에는 72명, 1904년에는 86명으로 늘어났다.[59] 이 시기 숭실중학교의 교사로는 베어드가 교장 겸 전담 교사로 가르쳤고, 한문 교사로 박자중이 재직했다. 그 외에 마펫, 스왈른, 그레이엄 리, 번하이

---

55) "1900-01년 평양선교지부 연례보고서," 김용진 역, 『윌리엄 베어드의 선교 리포트 I』, 130. 1899년 4월 4일에 대한제국 학부가 반포한 중학교 관제에서는 수업 연한을 7년(심상과 4년, 고등과 3년)으로 정했다. "칙령-칙령 제11호, 중학교 관제," 「관보」 제1228호(1899년 4월 6일), 7.

56) "1900-01년 평양선교지부 연례보고서," 김용진 역, 『윌리엄 베어드의 선교 리포트 I』, 129.

57) 선교사 스왈른(William L. Swallen, 소안론(蘇安論), 1859-1954)은 베어드의 안식년 기간에 숭실학교의 임시 교장을 맡았는데, 그는 부친으로부터 물려받은 유산 중에서 1,800원을 교사 신축을 위하여 기부했다. 이를 기념하여 교사 내 예배당을 '스왈른 예배당'이라고 명명했다. 위의 책, 118, 144.

58) "1901-02년 베어드 교육 보고서," 위의 책, 144.

59) "1901-02년 미국 장로교회의 한국선교회 평양선교지부 연례보고서," "1902-03년 미국 장로교회의 한국선교회 평양선교지부 연례보고서," "1903-04년 미국 장로교회의 한국선교회 평양선교지부 연례보고서," 위의 책, 154, 173, 191.

숭실중학교 본관(1901년) ⓒ Presbyterian Historical Society

슬, 블레어(William N. Blair, 방위량[邦緯良]), 웰즈(James H. Wells, 우월시[禹越時]) 등이 부분적으로 과목을 담당했으며 베어드 부인을 비롯한 선교사 부인들과 독신 여성 선교사 스눅(Velma L. Snook, 선우리[鮮于理, 鮮于梨]), 베스트(Margaret Best, 배귀례[裵貴禮])도 과목을 맡았다.[60]

1902년 9월 11일 가을학기 시작과 함께 입학한 길진형은 1907년에 제4회로 숭실중학교를 졸업했다. 그가 졸업반이던 1907년에는 1월부터 평양에서 대부흥 운동이 일어났는데, 숭실학교도 예외가 아니어서 1907년 2월에 개학하면서 학교는 대각성(Great Awakening)의 열기로 뜨거워졌다. 당시 연합 숭실학교 운영에 참여하고 있던 미국 북감리회의

---

60) "1901-02년 베어드 교육 보고서," "1902-03년 개인 보고서(베어드)," 위의 책, 145-146, 167.

베커(Arthur L. Becker, 백아덕[白雅德]) 선교사는 당시의 모습을 이렇게 보고했다.

그해 가장 중요한 특징은 봄학기 초에 시작된 부흥이었습니다. 2월에 학교가 개강하기 바로 전 장로교의 사경회에 성령께서 권능으로 임하셨는데, 우리는 우리 학교에도 그와 같은 축복이 임하기를 원했기 때문에 미리 도착한 교사들과 학생들을 모아서 오후 및 저녁 기도회를 시작했습니다. 첫 집회부터 성령께서 나타나셨음을 자세히 설명할 필요는 없을 것 같습니다. 거의 모든 교사가 개학 전에 사죄의 불을 경험했습니다. 학생들이 등교한 후에 우리는 평소의 수업 일정을 중단하고 아침, 오후, 저녁에 성경 공부와 기도회의 특별 일정을 마련하여 실행하는 것이 좋겠다고 생각했습니다. 우리는 단순히 감정을 자극하기 위해 아무것도 하지 않았으며, 또 주도하려고도 하지 않았습니다. 다만 십자가를 가리키려고 노력했을 뿐입니다.[61]

이렇게 시작된 사경회는 학생들의 공개적인 죄 고백과 회개로 이어져 사실상 학교 수업을 진행할 수 없었다. 이런 대각성은 무려 2주 동안 지속되었다.[62] 대각성의 영향은 학생들의 학교생활에서도 나타났다. 수업 분위기가 이전과 비교할 수 없을 정도로 진지해졌고, 교사를 대하는 이전과 달라졌다. 베커가 2년 동안의 훈련으로도 성취할 수 없었던

---

61) "Pyeng Yang High School," *Official Minutes of the Third Annual Session Lorea Mission Conference Methodist Episcopal Church, 1907*, 52.

62) 박용규, 『평양대부흥운동』, 294.

어떤 특성들을 부흥 운동이 성취하였다고 말한 것에서 대각성이 학생들에게 끼친 삶과 가치관의 변화를 충분히 알 수 있다.[63] 이런 열기 속에서 길진형은 마지막 학기를 보내고 졸업했다.

숭실중학교의 제1회 졸업생은 1904년 5월 17일에 졸업한 노경오(盧敬五), 차리석(車利錫), 최광옥(崔光玉) 등 3명이었다. 제2회와 3회 졸업생도 각각 4명이었지만, 1907년 제4회 졸업생은 무려 22명으로 길진형을 비롯하여 김윤실, 김형재, 김선두, 김인준, 김이곤, 김의찬, 김극행, 김창국, 노형렬, 이기종, 이근식, 이석원, 정인두, 정인과(의종), 조용림, 백신재, 최후빈, 최진백, 한성원, 한승곤, 홍성익 등이었다.[64]

길진형은 졸업 후에 곧바로 숭실중학교의 교사로 임용되어 1909년까지 2년 동안 기하(幾何), 산술(算術), 음악 등을 가르쳤다. 그는 교사로 재직 중이던 1908년에 숭실중학교 선배인 차리석의 권유로 신민회(新民會)에 가입했다.[65] 신민회는 국권 회복을 목적으로 결성된 비밀 독립 운동단체다. 1907년 2월부터 4월 사이에 안창호(安昌浩), 양기탁(梁起鐸), 전덕기(全德基), 이동휘(李東輝), 이동녕(李東寧), 이갑(李甲), 유동열(柳東說) 등이 발기인 모임을 한 후 결성된 것으로 보이며 1910년경까지 약 300명의

----

63) "Pyeng Yang High School," *Official Minutes of the Third Annual Session Lorea Mission Conference Methodist Episcopal Church, 1907,* 53.

64) 숭실대학교 한국기독교박물관 편, 『평양숭실대학 역사 자료집 Ⅵ: 숭실교우회 회원명부』(서울: 숭실대학교 한국기독교박물관, 2017), 126.

65) 숭실대학교 한국기독교박물관 편, 『평양숭실대학 역사 자료집 Ⅵ: 숭실교우회 회원명부』, 124, 126; 윤경로, 『105인 사건과 신민회 연구(개정증보판)』(서울: 한성대학교출판부, 2012), 376.

회원을 확보한 것으로 보인다.[66]

길진형을 신민회에 가입시킨 차리석(1881-1945)은 안창호의 최측근 중한 명이다. 차리석이 1898년 독립협회 평양지회에서 안창호를 만난 이후 두 사람의 동지 관계는 신민회와 대성학교, 청년학우회 등으로 이어졌고, 평생 동지적 관계를 유지했다.[67] 차리석을 통하여 안창호와 간접적으로 연결된 길진형은 105인 사건을 겪은 후 1913년 9월 미국에 가서 안창호를 직접 만나게 되고 대한인국민회를 통하여 교육 운동을 하게 된다.

숭실중학교에서 교사로 재직하던 길진형은 1909년에 숭실대학에 입학했다. 대학부 과정은 1905년 9월에 시작되었는데, 1906년 9월에는 장로교와 감리교가 공동으로 운영하게 되어서 연합 숭실대학(Union Christian College)이 되었다.[68] 길진형은 1911년 5월에 숭실대학을 제3회로 졸업했다. 같이 졸업한 학생은 김영서(金永瑞), 김의찬(金義燦), 김인준(金仁俊), 정인과(鄭仁果, 顕鍾), 노형렬(盧亨烈) 등이었다. 그중 김영서는 길

---

66) 신민회의 설립 시기에 대해서는 1906년, 1907년 2월, 1907년 4월, 1907년 후반, 1907년 말 또는 1908년 초 등 다양한 견해가 있다. 신민회에 관해서는 다음 연구 내용을 참고하라. 이선민, "신민회의 결성 시점에 대한 재고찰," 「대동문화연구」 제121집(2023), 203-232; 윤경로, 『105인 사건과 신민회 연구(개정증보판)』, 181-316; 이승현, "신민회(新民會)의 국가건설사상: 공화제를 향하여," 「한국학」 29/1(2006), 55-78; 신용하, "신민회의 창건과 그 국권회복운동(上)," 「한국학보」 3/3(1977.9), 31-75; 신용하, "신민회의 창건과 그 국권회복운동(下)," 「한국학보」 3/4(1977.12), 125-188.

67) 장석홍, "차리석의 「한국독립당 당의의 이론체계 초안(1942)」과 안창호의 대공주의," 「한국독립운동사연구」 제49집(2014), 4.

68) 장로교와 감리교가 숭실대학을 연합으로 운영하게 된 과정에 관해서는 다음 연구를 참고하라. 이덕주, "평양 숭실에 나타난 'union' 정신과 그 역사적 의미-평양 숭실의 '연합중학교' 및 '연합대학' 시절을 중심으로," 「한국기독문화연구」 제7집(2015.2), 5-76.

진형보다 한해 먼저 숭실중학교를 졸업한 선배였고, 김의찬, 김인준, 정인과, 노형렬은 숭실중학교와 숭실대학을 같이 다니고 졸업한 동기였다.[69] 또한 정인과와의 인연은 나중에 미국까지 이어졌다.

그리고 숭실대학에 재학 중이던 1911년 1월 12일에는 선천(宣川) 출신의 오순애(吳順愛, 1893-?)와 결혼했다. 길진형은 안준(安濬, 1867-?)의 중매로 오순애를 만나서 사귀다가 1909년 9월에 약혼했으며, 그 후 결혼했다.[70] 오순애는 선천의 명신학교(明信學校)와 보성(保聖)여학교를 졸업했다.[71] 당시 길진형과 안준의 관계를 자세히 알 수는 없어서 안준이 어떤 인연으로 길진형과 오순애의 만남을 주선했는지는 알 수 없다.

안준은 평안북도 의주군 수진면(水鎭面) 식송리에서 태어나 12세부터 20세까지 8년 동안 경의재(經義齋)에서 한학을 배웠다. 경의재는 유학자 전서(顚西) 이정노(李挺魯)가 의주군 송장면에 세운 사숙으로 그의 학문을 흠모하는 의주의 유생들이 경의재에 모여들어 그의 가르침을 받았다. 안준은 1898년에 기독교인이 된 후 1899년 7월에 선천 선교지부의 휘트모어(Norman C. Wittemore, 위대모[魏大模]) 선교사에게 세례를 받았다. 그는 선천을 중심으로 활동하면서 선천읍 염수동교회(선천읍교회)의[72] 영

---

69) 숭실대학교 한국기독교박물관 편, 『평양숭실대학 역사 자료집 VI: 숭실교우회 회원명부』, 126, 137.

70) 「길진형 신문(訊問)조서(제1회)」(1912년 2월 14일).

71) "유아 훈육, 설립자로 유치원장에, 선천 명신학교 오순애 여사," 『동아일보』 1927년 6월 15일.

72) 선천읍교회는 원래 석장동(石墻洞)에 있었는데, 1904년에 염수동에 한옥 한 채를 매입하였고, 1906년 10월에 이 터 위에 1,500명이 들어갈 수 있는 새 예배당을 완공했다. 1910년 조선예수교장로회 제4회 노회(1910.9.18.-9.22)가 선천읍 염수동교회에서 열렸다. 차재명, 『조선예수교장로회사기(상)』(경성: 조선기독교창문사, 1928), 41; 『예수교장로회 조선국 노회 제4회 회록』, 1-26; "Syen Chyun Station," *Report of the Korea Mission of the Presbyterian Church in the U.S.A.* (Sept. 1907), 63.

수로 재직했으며, 1900년에 선천읍교회에서 평안북도 도(都)사경회가 열렸을 때, 김원명, 김경현, 양전백, 정기정 등과 함께 평북전도회를 설립했다.[73] 또한 1905년 7월에 양전백, 김병농, 김석창, 노효욱, 이칭석, 조규찬, 노정관 등이 중학교 설립을 위해 선전 중학회라는 설립기성회를 조직하고 휘트모어 선교사와 협의하여 1906년 9월에 신성(信聖)중학교를 설립할 때도 함께 했으며, 한문 교사로 학생들을 가르쳤다.[74] 그는 1906년 8월 16일 자 「그리스도신문」에 선천읍교회 소식을 게재했는데, 당시 세례교인이 364명, 원입교인이 320여 명, 주일 예배에 참석하는 7세 이상 교인이 1,100여 명이며, 새 예배당을 짓기 위하여 연보하고 같은 해 음력 4월 25일에 정초식을 거행한 내용을 게재했다.[75] 또한 1906년 8월 23일 자 「그리스도신문」에는 선천읍 남녀 소학교의 졸업식 소식을 게재하기도 했다.[76]

안준은 1910년 봄에 평양 장로회신학교에 입학한 것으로 보인다. 이렇게 안준이 교회와 학교, 선교사, 신학교 등에 걸쳐서 넓은 관계를 형성하고 있었으므로 길진형과 오순애, 길선주 목사 등과 모두 아는 사이여서 길진형과 오순애를 중매했을 수도 있다.

---

73) 차재명, 『조선예수교장로회사기(상)』, 74-75.

74) 위의 책, 175-176; 백낙준, "창립 배경과 초기 약사," 신성학교 동창회 편, 『신성학교사』(서울: 신성학교동창회, 1980), 4-5; 박용규, 『강규찬과 평양 산정현교회』(서울: 한국기독교사연구소, 2011), 89.

75) 안준, "선천리신," 「그리스도신문」 1906년 8월 16일.

76) 당시 남자 소학교 재학생은 102명, 여자 소학교 재학생은 52명이었다. 안준, "선천학교형편," 「그리스도신문」 1906년 8월 23일.

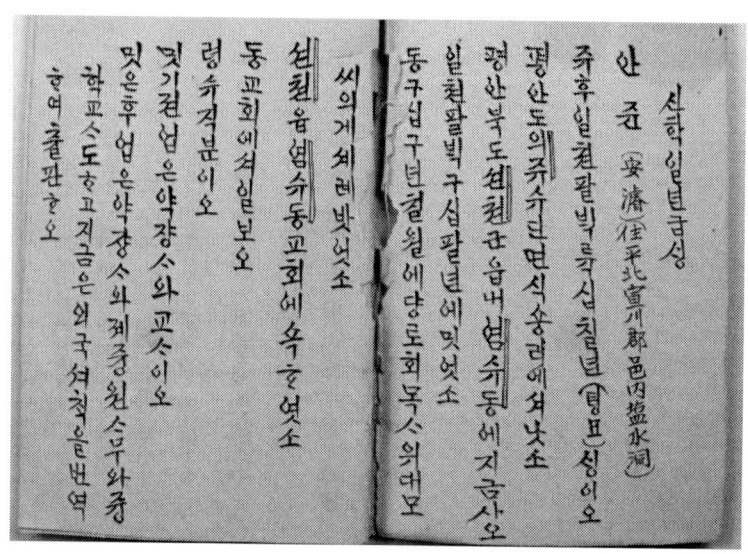

안준이 신학교에 제출한 자기소개 소책자(1910년경).
장로회신학대학교 역사박물관 소장 ⓒ「한국기독공보」(2022.3.15.)

1975년 8월에 길진형의 후배 박윤근은 길진형의 숭실학교 시절을 이렇게 회고했다.

길진형은 길선주 목사, 그때 한국의 1위로 꼽던 목사의 장자로서 아주 얌전했소. 생김새도 깨끗하고, 또 재주가 있어서 숭실중학교에 참 스타라고 할 만하게 생겼는데, 나보다 2년 앞, 나이로는 나보다 1살 위이고 학년으로는 나보다 위에, 내가 이제 무등할 적에 2학년인가 그렇게 됐는지 한 2년 앞섰소. 또 똑똑하고 유명한 장로, 길선주 장로의 아들이요. 큰 교회 목사의 아들이요. 똑똑하고 깨끗하게 생겼으니 아주 인기가 컸습니다. 그래서 내 생각으로는 아직 어리니깐 그럼, 나보다 한 살 위니, 내가 15살 날 직에 열여섯이요, 열여섯 났을 때 열일곱. 20 살 그쯤인데, 무슨 큰 무엇을 했겠습니까? 하나 인기를 끄는 젊은 소년, 청년으로 들어가는 아이니까 여러 명사들이 손을 잡고 제휴하는 일이 많이 생겼댔어요.[77]

---

77) 박윤근의 회고는 숭실대학교 80년사 작업으로 1975년 8월 11일, 12일에 진행된 좌담회에서 이 뤄진 것인데, 이 좌담회는 당시 사학과 이재룡 교수의 사회로 김동진, 김형남, 박윤근, 박형렬, 우호익, 이광연 등이 참석하여 평양 숭실학교에 관하여 주제별로 회고했다. 숭실대학교 120년 사 편찬위원회 편,『평양 숭실 회고록』(서울: 숭실대학교 한국기독교박물관, 2017), 313-314.

4.
선천 신성중학교의
교사 생활

길진형은 숭실대학을 졸업한 후 곧바로 선천의 신성중학교 교사로 부임했다. 그는 신성중학교 교장인 매큔(George S. McCune, 윤산온[尹山溫]) 선교사의 주선으로 1911년 8월부터 성경 과목을 가르쳤다.

신성중학교는 1905년 7월에 양전백, 김병농, 김석창, 노효욱, 이창석, 조규찬, 노정관, 안준 등이 중등교육의 필요성을 인식하고 학교 설립을 위해 선천 중학회라는 설립기성회를 조직하면서 시작되었다. 그 후 휘트모어와 협의하여 1906년 9월 선천읍교회 예배당에서 50여 명의 학생으로 개교했는데, 학제는 3년제였으며 초대 교장은 휘트모어였다.[78]

휘트모어가 초대 교장을 맡은 것에서 알 수 있듯이 신성중학교는 미국 북장로회 선천 선교지부와 밀접한 관련이 있다. 선천 선교지부는

---

78) 해리 로즈/최재건 역, 『미국 북장로교 한국선교회사』, 208; 김명배, 『위대모와 평북 기독교』(서울: 숭실대학교 출판국, 2017), 161. 개교 당시 전체 학생은 50명이 넘었지만, 재학생은 평균 40여 명 정도였다. "Syen Chyun Station," *Report of the Korea Mission of the Presbyterian Church in the U.S.A.* (Sept. 1907), 67.

1901년에 공식적으로 설립되었지만, 휘트모어가 1896년 10월에 한국에 도착하여 평양 선교지부에 배정된 후 평안북도 지역 개척 선교사로 임명되면서 선교지부 설립이 본격적으로 진행되었다. 휘트모어는 이미 평양에서 기독교인이 된 노효준, 나병규, 소규환 등과 함께 1897년에 선천읍 석장동에 한옥 한 채를 구매하여 예배처로 삼았는데, 이것이 선천읍교회가 되었다.[79]

1898년 12월 1일에 마펫이 미국 북장로회 해외선교부의 스피어 (Robert E. Speer)[80] 총무에게 보낸 편지에는 당시 선천읍교회의 상황을 이렇게 기록했다.

> 선천읍교회는 한 명의 남자 세례교인과 41명의 학습 교인으로 구성되어 있으며, 두 개의 예배당을 가지고 있는데 각각 남성용과 여성용입니다. 지난주 주일 예배 참석자는 약 150명이며, 이번 주 매일 밤마다 열린 전도 집회에는 약 100명이 참석했습니다. 우리는 아침부터 밤까지 일하고 있습니다. 매일 30분간 세례 지원자와 학습 교인들을 문답했습니다. 그 가운데 15명을 세례교인으로 받았는데, 저는 이들이 하는 것보다 더 명확한 신앙고백을 들은 적이 없고 이들보다 더 선명하

---

79) 김명배, 『위대모와 평북 기독교』, 27-28.

80) 로버트 스피어(1867-1947)는 1891년에 미국 북장로회 해외선교부의 총무가 되어 1937년까지 재직했다. 그는 엘린우드(Frank F. Ellinwood, 1826-1908), 브라운(Arthur J. Brown, 1856-1963) 총무와 함께 일하면서 북장로회의 해외 선교 사역을 총괄 지휘, 관리했다. 또한 1897년, 1915년, 1926년 3회에 걸쳐 한국을 방문했다. 내한선교사사전 편찬위원회, 『내한선교사사전』(서울: 한국기독교역사연구소, 2022), 718-719.

게 기쁜 모습을 가진 자들을 본 적이 없습니다.[81]

결국 1898년 12월에는 미국 북장로회 한국선교회와 평양 선교지부
가 선천에 새로운 선교지부를 설치하기로 결정하고, 휘트모어 외에 샤
록스(Alfred M. Sharrocks, 사락수[謝樂秀]) 의사와 베스트를 배정했다. 샤록
스와 베스트는 1900년에 선천을 처음으로 방문하여 10일 동안 16번의
사경회를 인도하였고, 1901년 10월에 샤록스 가족과 휘트모어가 선천
으로 이주하면서 선교지부가 정식으로 설립되었다.[82]

초기의 선천 선교지부 모습 ⓒ Presbyterian Historical Society

---

81) 마펫은 이 편지를 선천에서 작성했다. "1898년 12월 1일에 마펫이 스피어에게 보낸 편지," 옥성
득 편역, 『마포삼열 자료집 2』, 415-417.

82) 해리 로즈/최재건 역, 『미국 북장로교 한국선교회사』, 197.

선천 지역의 기독교는 초기부터 빠르게 성장했다. 1900년에 선천군 전 지역에는 29개의 기독교 공동체(group)에 세례교인 218명, 전체 교인 1,902명이 있었는데, 1901년에는 기독교 공동체 32개, 세례교인 420명, 전체 교인 2,320명으로 늘어났으며, 1902년에는 기독교 공동체 44개, 세례교인 677명, 전체 교인 3,429명, 1903년에는 기독교 공동체 47개, 세례교인 1,027명, 전체 교인 4,537명으로 급성장했다.[83]

이렇게 기독교 교세가 빠르게 늘어나면서 평안북도 지역 학생들을 위한 중학교의 필요성이 대두되었고,[84] 이에 따라 1906년에 신성중학교가 설립된 것이다. 이 학교는 1909년 6월에 제1회 졸업생 9명을 배출했다. 첫 졸업식은 상당히 이색적으로 진행되었는데, 졸업생은 교복이나 가운 대신 한복 두루마기를 입고 졸업식에 참석했으며, 재학생이 졸업생을 위하여 다음과 같은 졸업식 노래를 불러주는 순서도 있었다.

1. 청북반석(淸北盤石) 터를 잡은 화려한 신성학교
   하나님의 뜻을 따라 청년을 교육해
   사회의 중추(中樞)와 교육의 양재(良才)는
   오늘날에 졸업하는 우리의 학우일세.

---

83) "Syen Chyun Station," *Report of the Korea Mission of the Presbyterian Church in the U.S.A.* (Sept. 1906), 46; "Notes from Syen Chyun Station, History," *The Korea Mission Field* (Sept. 1911), 240.

84) 1901년 선천 선교지부가 설립될 때 평양 숭실학교에 재학 중인 평북 지역 중학생은 10명이었고, 1903년부터 1906년까지는 각각 9명, 14명, 24명이 재학 중이었다. 해리 로즈/최재건 역, 『미국 북장로교 한국선교회사』, 208.

2. 물결 같은 단합력과 불꽃 같은 열성으로
　이 세상에 어느 것이 두려울쏘냐
　백절불굴 용진(勇進)하라 그 뒤를 따르리
　개척하라. 건설하라. 떠나는 형(兄)들아.[85]

신성중학교 교사(1914년) ⓒ Presbyterian Historical Society

　신성중학교는 1909년에 매큔이 교장으로 부임하면서 내외적으로 급격히 발전했다. 우선 한국인들이 경영하는 학교에서 미국 북장로회 소속의 미션 스쿨이 되었다. 1909년 7월에는 선천읍 천북동(川北洞)에 마련한 부지 위에 목조 2층 교사(校舍) 1동, 단층 기숙사 4동과 2층 기숙사 1동을 신축하고 9월에 학교를 이전했다.[86] 당시 휴 오닐(Hugh O'Neill) 여사가 죽은 아들을 기념하기 위해 15,000달러를 기부했는데, 선교회

85) 신성학교 동창회 편, 『신성학교사』, 46-47.

86) 김명배, 『위대모와 평북 기독교』, 157-158.

에서는 기부자의 이름을 따서 휴 오닐 주니어 아카데미(Hugh O'Neil Jr. Academy)라고 부르게 되었다.[87]

1910년에는 학제를 4년제로 바꾸고 교사진도 보충했는데, 주로 숭실학교 졸업생과 일본 유학을 마치고 돌아온 사람들로 구성되었다.[88] 1910년부터 1913년경 신성중학교의 교사진은 곽태종(물리, 화학, 국문법), 선우혁(수학, 기하학), 홍성익(성경과 지리), 길진형(성경), 강규찬(한문, 작문), 임경엽(일본어), 최용화(법학통론), 신효범(체조), 매큔(구약사, 부기), 장시욱(사무처 총무) 등이었다.[89]

이들 중 홍성익(洪成益)은 1907년에 길진형과 숭실중학교를 같이 졸업한 동창이며,[90] 곽태종은 1909년 숭실중학교 제6회 졸업생으로 105인 사건 이후에 길진형과 함께 미국으로 가서 같이 교육 운동을 전개했다.

---

87) 백낙준, "창립 배경과 초기 약사," 신성학교 동창회 편, 『신성학교사』, 5.

88) 박용규, 『강규찬과 평양 산정현교회』, 88.

89) 백낙준, "창립 배경과 초기 약사," 신성학교 동창회 편, 『신성학교사』, 7.

90) 홍성익(1882-1920)은 평안북도 정주군 출신으로 1907년 숭실중학교를 졸업한 후 1909년 음력 1월부터 신성중학교 교사로 근무하던 중에 105인 사건으로 구속되었다가 1913년 3월 경성복심법원에서 무죄선고를 받고 석방되었다. 그 후 신성중학교 교사 겸 사감으로 재직하였고, 1916년에는 선천읍 남(南)교회의 장로로 임직했다. 1917년에 평양 장로회신학교에 입학하여 공부하던 중 선천에서 3·1운동을 주도한 후 중국 안동현으로 망명했다. 1919년 9월에는 상해임시정부 산하 교통국 안동지부 사무국 국장에 임명되어 이륭양행을 거점으로 임시정부와 국내와의 연락, 군자금 모금 등의 업무를 수행했다. 1920년 1월에 안동현 태성당병원에서 치료를 받던 중 신의주 경찰에게 체포되어 신의주 경찰서에서 조사를 받던 중 같은 해 1월 30일에 병사했다. 1963년에 건국훈장 독립장을 추서 받았다. 숭실대학교 한국기독교박물관 편, 『평양숭실대학 역사 자료집 VI: 숭실교우회 회원명부』, 126; "신성학교 분요," 「매일신보」 1915년 3월 9일; "선천 애국 신사 홍성익 씨 장서," 「신한민보」 1920년 4월 6일; 양전백, 함태영, 김영훈/박용규 편/이교남 역, 『조선예수교장로회사기(하)』(서울: 한국기독교사연구소, 2017), 168, 170, 175, 207; 독립유공자 공훈록 편찬위원회 편, 『독립유공자공훈록 제5권』(서울: 국가보훈처, 1988), 68-69.

신성중학교 운동부와 교사 곽태종
© Princeton Theological Seminary, Moffett KoreaCollection.
General Commission on Archives and History
of the United Methodist Church

길진형의 생애와 독립운동

신성중학교는 개교 당시부터 기독교 신앙과 민족의식을 학교를 지탱하는 두 개의 기둥으로 삼았다. 곽태종이 1910년에 작사한 신성중학교 교가에서도 애국과 신앙이 어우러져 있다.

2. 반도 문명 발전 위해 선도자 되려면
   차문중(此門中)에 입각점을 굳게 정하고
   화목하는 마음으로 노래 부르세. 신성학교 만세라.
3. 설한 형창(螢窓) 괴로움을 길이 참을 때
   하나님의 진리 도덕 많이 배우고
   화목하는 마음으로 노래 부르세. 신성학교 만세라.
5. 만고 춘풍(春風) 무궁화의 빛난 세계로
   교육계 신천지 신면목을 집세다.
   화목하는 마음으로 노래 부르세. 신성학교 만세라.[91]

길진형에게 신성중학교의 이런 정신이 낯선 것은 아니었을 것이다. 그가 숭실중학교 교사로 재직 중이던 1908년에 신민회에 가입한 것에서 알 수 있듯이 나라가 일제의 식민지로 전락해 가는 상황에서 길진형 또한 민족의식을 가진 기독교인이 되는 것이 자연스러운 일이었을 것이다. 그는 신성중학교에 대하여 교육을 통하여 학생들에게 기독교 신앙과 민족의식을 고취하기에 적합한 기관으로 여겼을 것이다. 더해서 거기에는 흉금을 터놓을 수 있는 동문들이 교사로 있었다. 하지만 그의 신성중학교 교사 생활은 105인 사건으로 3개월 만에 막을 내렸다.

---

91) 신성학교 동창회 편, 『신성학교사』, 45-46.

2장

⋮

105인 사건과
수감 생활

1.
105인 사건의 개요

길진형은 1911년 10월 12일에 신성중학교의 동료 교사, 학생들과 함께 '데라우치 총독 모살 미수사건(寺內總督謀殺未遂事件)'에 관한 혐의로 체포되었다.[92] 일반적으로 '105인 사건'으로 부르는 이 사건은 1910년 12월 27일에 압록강 철교 준공식에 참석하기 위하여 기차를 타고 가던 데라우치 마사타케(寺內正毅) 총독이 잠시 선천역에 하차할 때 암살하려고 했다는 이유로 기독교 인사들을 체포, 구속한 전형적인 일제의 조작 사건이다. 이 사건에 연루된 389명 중 123명이 기소되었고, 1심 공판에서 105명이 유죄 판결을 받았다.

이 사건에 대한 일제 측의 주장을 요약하면 다음과 같다. 1911년 7월 26일에 일제는 평안도 지역의 반일 인사들이 1910년 12월에 데라우치 총독이 서북 지역을 시찰할 때 암살하려고 했다는 정보를 입수했다. 처음에는 단순한 소문이라고 생각했지만, 점차 총독 암살 기도

---

92) A. J. Brown, *The Korean Conspiracy Case* (1912), 12.

가 실제로 진행되었다는 몇 가지 단서를 발견하고 본격적으로 조사를 한 결과 평양, 선천, 정주 등에서 기독교 학교의 교사와 학생들이 총독을 암살하려고 했다는 정보를 접했다는 것이다. 그리고 이런 모의를 스왈른, 베어드 등 선교사들이 뒤에서 교사했다는 정보도 접하게 되었다고 한다. 그러나 이 일에 가담했다는 한국인의 실체를 파악할 수 없어서 계속 탐문(探問)하는 중에 정주 납청정(納淸亭)에 살고 있는 이재윤(李載允)이 데라우치 총독의 서북 지역 시찰 때 그를 암살하려고 했으며 현재도 진행 중이라는 첩보를 접했다는 것이다. 따라서 일본 경찰이 1911년 9월 4일에 이재윤과 친분이 있는 '불평자'를 위장시켜 곽산(郭山)에서 접촉한 결과 이들이 총독 암살 계획과 독립 전쟁의 자금 확보를 목적으로 금광 채굴 및 동지를 규합하고 있다는 정보를 얻게 되었다고 한다. 이후 9월 5일에 이들을 서울로 압송하여 경무 총감부에 구속하고 신문을 했다는 것이다.[93]

신문 과정에서 이재윤이 나승규(羅昇奎)에게 잔 다르크 전기를 빌려 본 사실, 이재윤의 고향 선배이며 당시 정주 가명학교(嘉明學校) 학감으로 있던 임경엽(林冏燁)을 통하여 총독 암살 시도의 소문을 들었다는 사실 등을 밝혀냈다고 한다. 그 후 나승규를 검거하여 위의 내용을 자백받았고, 그의 소지품에서 이완용의 얼굴이 찍혀있는 그림엽서가 나오자 이를 단서로 '이완용 피격 사건'[94]에 관련된 것으로 만들었다. 또

93) 윤경로, 『105인 사건과 신민회 연구(개정증보판)』, 15-16.

94) 1909년 12월 22일에 서울 종현성당(현 명동성당)에서 거행된 벨기에 황제 레오폴트 2세 추도식에 참석한 총리대신 이완용을 이재명(李在明)이 칼로 저격한 사건이다. 이완용은 어깨, 허리, 복

한 임경엽은 평양의 조창호(趙昌浩), 이학필(李學泌) 등과 1910년 말에 발생한 '안명근 사건'에 연루된 것으로 엮어졌다. 그 외에 로버츠(Stacy L. Roberts, 나부열[羅富悅]) 선교사가 교장으로 있는 가명학교를 중심으로 정주, 납청정 지역의 교사, 목사, 장로 등 50여 명이 총독 암살을 계획했으며, '이완용 격격 사건'과도 관련이 있는 것으로 밝혀졌다는 것이다. 그리고 이와 같은 신문 과정에서 비밀결사 조직인 신민회를 알게 되었다는 것이다.[95]

이렇게 하여 경무 총감부는 '데라우치 총독 모살 미수 사건'의 가담 혐의자로 389명을 체포했으며, 그중 123명을 기소했다. 가담 혐의자를 지역별로 분류하면, 평안남도 평양 111명, 평안북도 정주 27명, 납청정 27명, 선천 145명, 곽산 30명, 철산 6명, 신의주, 의주, 용천 23명, 황해도 신천, 안악 13명, 경성 7명 등이었다.[96] 선천, 평양, 정주 순으로 가담 혐의자가 많은데, 선천과 정주(납청정 포함)가 도시의 규모에 비해서 많은 사람이 연루되었던 점에서 이 사건을 조작한 일제의 의도를 짐작할 수 있는데, 당시 서북 지역에서 기독교 교세가 가장 강했던 지역을 일제가 탄압의 대상으로 삼았음을 알 수 있다.[97]

부 등 세 곳을 찔렸으나 약 2개월 동안 치료받고 회복되었으며, 이재명은 1910년 7월 20일에 열린 2심에서 사형선고를 받은 후 9월 30일에 경성 감옥에서 순국했다. 또한 이동수, 조창호, 김정익 등 11명의 관련자도 옥고를 치렀다. "이완용의 피자 전말," 「신한민보」 1910년 1월 19일; "사형집행," 「조선총독부관보」 제31호(1910년 10월 4일), 76.

95) 윤경로, 『105인 사건과 신민회 연구(개정증보판)』, 16-17.

96) 위의 책, 22-23.

97) 위의 책, 24.

경무 총감부가 기소한 123명을 살펴보면 다음 표와 같다.

[표2] 기소자 123명의 명단

도	지역	이름	계	
평안 북도	선천	강규찬, 곽태종, 김성봉, 김성대, 김순도, 김용선, 김용환, 김익겸, 김인도, 김일준, 김창환, 김태헌, 김현식, 나봉규, 노정관, 노효욱, 백몽량, 백일진, 선우혁, 선우훈, 손정욱, 신효범, 안준, 양준명, 양준희, 이규엽, 이동화, 이봉조, 이순구, 이용혁, 이재윤, 이재희, 이정순(李廷淳), 이정순(李正榫), 이창석, 이창식, 장시욱, 정덕연, 주현측, 차균설, 차영준, 차희선, 최덕윤, 최서찬, 홍규민, 홍성익	46	89
	납청정	김봉수, 김선행, 김옥헌, 김용엽, 김용오, 김찬오, 나승규, 나의섭, 박상훈, 박찬형, 안성제, 이병제, 이승훈, 이용화, 이재윤, 이준영, 이지원, 이태건, 임경엽, 임병행, 조덕찬, 최성민, 최제규, 최주익	24	
	정주	백몽규, 이명룡, 임도명, 최성주, 탁창호, 홍성린	6	
	곽산	김시점, 오학수, 이근택, 지상주	4	
	철산	오희원, 유학렴, 장관선, 정원범	4	
	의주 (신의주)	김창건, 백용석, 안광호	3	
	용천	송자현, 이기당	2	
평안 남도	평양	강봉우, 길진형, 김동원, 김두화, 김운천, 김응록, 김응조, 나일봉, 백남준, 변인서, 서기풍, 신상호, 안경록, 안세환, 안태국, 오대영, 옥성빈, 윤성운, 윤원삼, 이덕환, 이춘섭, 장웅진, 정익로, 정주현, 조영제, 차리석, 최예항	27	
경기도	서울	양기탁, 옥관빈, 유동열, 윤치호, 임치정	5	
황해도	신천, 안악	오택의, 편강렬	2	
합계			123	

기소된 123명 중 가장 많은 수를 차지한 사람들은 교사와 학생들이었다. 교사는 31명, 학생은 20명이었다. 교사들이 소속된 중학교는 선천의 신성(10명), 대명(1명), 평양 대성(5명), 숭실(3명), 일신(1명), 정주의 가명(2명), 곽산의 영창(1명), 기타 중학교(5명) 등이었으며, 소학교 교사도 3명이 있었다. 학생이 소속된 중학교는 선천의 신성(18명), 평양의 숭실(1명), 기타(1명) 순이었다.[98]

그중 기소자가 가장 많은 신성중학교의 교사와 학생을 살펴보면 다음 표와 같다.

[표 3] 기소된 신성중학교의 교사와 학생

	이름	계
교사	강규찬, 곽태종, 길진형, 선우혁, 신효범, 안준, 이용혁, 임경엽, 장시욱, 홍성익	10
학생	김성봉, 김순도, 김용선, 김용환, 김인도, 김태헌, 김현식, 나봉규, 백몽량, 백일진, 선우훈, 이규엽, 이순구, 이재윤, 이정순, 이창식, 정덕연, 차희선	18
합계		28

이렇게 많은 교사와 학생이 구속된 신성중학교는 당장 수업을 진행하는 데 어려움을 겪었다. 신성소학교의 교사를 중학교 교사로, 중학교

98) 위의 책, 78.

의 상급반 학생을 소학교의 교사로 대체 했으며, 다른 지역에 있는 선교사까지 와서 수업을 도왔다. 하지만 2개월이 지나도 구속된 교사와 학생이 석방되지 않아서 수업을 제대로 진행할 수 없는 상황이 되기도 했다.[99]

일제는 당시 선교사들에 대해서도 혐의가 있다고 주장했는데, 무려 24명의 선교사를 연루시켰으며, 단순한 방조자가 아니라 사건을 직접 사주한 것으로 조작했다. 105인 사건의 조작을 주도한 경무 총감부의 구니토모 쇼켄(國友尙謙) 경시(警視)는 연루된 선교사 24명을 다음과 같이 언급했다.

재평양 미국인

갑. 장로교
마펫(마포삼열), 스왈른(소안론), 베어드(배위량), 블레어(방위량), 그레이엄 리(이길함), 번하이슬(편하설), 모우리, 맥머트리(맹 장로), 홀드크로프트(허대전), 필립스, 웰즈 의사(우월시)

을. 미이교(북감리교)
노블, 베커(백아덕), 빌링스(변영서), 루퍼스(유부수), 폴웰 의사(보월)

재선천 미국인
휘트모어(위대모), 매큔(윤산온), 로버츠(나부열), 로스(노세영), 램프(남행리), 샤록스 의사(사락수)

재경성 미국인
해리스(미이교), 언더우드(장로교, 원두우)[100]

---

99) *Letter of Mrs. McCune & Mrs. Cyril Ross to A. J. Brown*(Jan. 9, 1912).

100) 國友尙謙, 『百五人事件資料集 第2卷: 不逞事件ニ依ツテ觀タル朝鮮人』(서울: 고려서림, 1986), 333-336.

선교사들에 대한 혐의 내용은 다양했는데, 총독 순시 시기를 알려준 일, 총독 모살 결정에 조언한 일, 암살 격려 연설, 암살 실패를 책망한 일, 단총을 숨겨준 일, 단총 분배, 신성중학교 집회 시 암살 격려, 모살자를 도피시킨 일, 총독과 악수하면서 지명한 일 등이었다. 이렇게 일제가 평안도 지역에서 활동하고 있는 다수의 선교사를 사건에 연루시키고, 경찰들은 일부 선교사의 주택을 강제 수색하거나 감시원을 선교사 집 주위에 배치하기도 했다. 이런 상황이 되자 재한 선교사들은 데라우치 총독과의 면담을 추진하였고, 아울러 105인 사건을 선교 본부에 알리고 이 사건의 허위성을 폭로했다. 그리고 국제 언론에도 사건의 허위성과 피의자들에 대한 일본 경찰의 고문 등을 폭로했다.[101]

---

101) 105인 사건에 대한 재한 선교사들의 대응에 관해서는 다음 연구를 참고하라. 윤경로, 『105인 사건과 신민회 연구(개정증보판)』, 141-177; 김승태, "105인 사건과 선교사의 대응," 「한국기독교와 역사」 제36호(2012.3), 5-36; 이성전, "미국 북장로회 해외선교본부의 동아시아 인식과 105인 사건," 「한국기독교와 역사」 제36호(2012.3), 41-83.

2.
고문은 없는
죄도 만든다

105인 사건은 처음부터 경무 총감부의 철저한 조작 사건이었으므로 경찰은 허위 자백을 받아내기 위하여 피의자들을 잔인하게 고문했다. 헌트 (William B. Hunt) 선교사는 자신이 들은 고문 사례를 이렇게 증언했다.

그들이 갇힌 감옥으로부터 간혹 흘러나온 이야기에 따르면 거기에 는 매우 잔인한 고문과 구타가 행해지고 있다고 했다. 사람을 높이고 콧구멍에다 물을 붓는가 하면, 대나무 조각을 손톱 아래로 찔러 넣거 나 엄지손가락으로 체중을 지탱하게끔 매달기도 했다. 혹은 앉지도 서지도 못할 정도의 밀폐된 공간에 사람을 가두어 두는가 하면, 먼저 벌겋게 달군 쇠막대기로 위협하고 나서 눈을 가린 후에 얼음장처럼 차게 냉각시킨 쇠막대기를 갖다 대기도 했다.[102]

---

102) 윌리엄 블레어, 브루스 헌트/김태곤 역, 『한국의 오순절과 그 후의 박해』(서울: 생명의말씀사, 1995), 100.

하지만 헌트가 들은 고문 사례는 빙산의 일각에 불과했다. 당시 경찰이 사용한 고문 방법은 무려 72종에 달했으며, 고문은 105인 사건의 조작을 진두지휘한 경무총감 겸 헌병 사령관 아카시 모토지로(明石元二郎)에 의해 자행되었다. 대표적인 고문 방법을 살펴보면 다음 표와 같다.

[표 4] 일본 경찰의 고문 방법 사례[103]

1. 주먹과 구둣발로 목 부분과 온몸을 비벼대거나 구타하는 방법
2. 손가락 사이에 철봉을 끼우고 손끝을 졸라맨 후 천장에 매달고 잡아당기는 방법
3. 대나무 못을 손톱과 발톱 사이에 박는 방법
4. 수십 일간 완전히 밀폐된 독방에 가두고 음식물을 전혀 주지 않는 방법
5. 가장 추운 날 옷을 벗긴 후 수도전에 묶고 찬물을 끼얹어 얼음 기둥을 만드는 방법
6. 가죽 채찍과 대나무 묶음으로 맨몸을 휘감아 갈기는 방법
7. 널빤지에 못을 박아 그 위에 눕게 하는 방법
8. 양쪽 엄지손가락을 결박한 후 한편 팔은 가슴 앞으로 돌려 어깨 너머로 올리고 다른 한편 팔은 등 쪽으로 돌려 공중에 매단 후 가죽 채찍으로 갈기는 방법(학춤 고문)
9. 온몸에 기름을 바른 후 인두와 담뱃불 등으로 단근질하는 방법
10. 참대나무를 양쪽에서 마주 잡고 위에서 아래로 훑어 내리는 방법
11. 입을 벌리게 한 후 혀를 빼게 하고 기도에 담배 연기를 넣는 방법
12. 기절했을 때 종이로 얼굴을 봉창한 후 물을 끼얹는 방법
13. 1전짜리 동전 둘레만큼의 머리카락에 몸을 매달아 머리털이 빠지게 하는 방법
14. 돌바닥에 메쳐 놓은 후 머리채와 귀를 잡아끌고 다니며 구타하다가 돌바닥에 처박는 방법
15. 코에 뜨거운 물을 붓고 거꾸로 매달거나 굴리는 방법
16. 입을 벌리게 하고 막대기로 석탄 가루를 쑤셔 넣어 기절시키는 방법
17. 입에 재갈을 물린 후 머리털을 선반에 잡아맨 후 앉을 수도 설 수도 없는 좁은 공간에 처박아 놓는 방법
18. 여러 날을 굶긴 후 그 앞에서 만찬을 벌이는 방법
19. 수염의 양 끝을 서로 묶은 다음 빠질 때까지 잡아당기는 방법
20. 사형 집행을 가장하여 최후로 자백을 강요한 후 이에 응하지 않으면 공포탄을 쏴서 기절시키는 방법

---

103) 윤경로, 『105인 사건과 신민회 연구(개정증보판)』, 129.

이와 같은 경찰의 잔혹한 고문으로 김근형(金根瀅), 정희순(鄭希淳), 안광호(安光浩) 등은 옥중에서 순국했다.[104] 차균설(車均卨)은 자신이 받은 고문에 대하여 법정에서 이렇게 증언했다.

나는 작년 12월에 처음으로 조사를 받았소. 너무나 추운 날이었소. 그들은 몇 가지 죄목으로 나를 기소했지만 난 그걸 인정하지 않았소. 그러자 나는 즉시 발가벗겨진 채 여러 가지 고문을 당했소. 한번은 엄청나게 차가운 물을 내 머리에 부었소. 또 한번은 선반 아래에 들어가 그곳에 설 수도 없고 서지도 못한 채로 허리를 굽히고 있게 했소. 아궁이 부지깽이나 다른 도구로 맞기도 했소. 매질은 특히 등에 많이 했지만, 다른 곳도 맞았소. 그것은 한참 동안 계속되었고 너무나 가혹해서 결국 나의 몸은 감각을 잃어버렸고, 나는 그것을 느낄 수도 없을 정도였소. 나는 26일간 이런 식으로 조사를 받았소. 한편, 그들은 나를 굶기기도 했소. 허공에 매달려서 죽도록 맞기도 했소. (중략) 한번은 그들이 나를 3일 동안 잠을 못 자게 했소. 그들은 내 머리와 어깨를 찔렀고, 불로 나를 지지기도 했소. 또 한번은 오후 4시부터 다음 날 오전 6시까지 고문을 당했소.[105]

피의자 중에 허위 자백을 끝까지 거부한 선우훈(鮮于燻)은 참혹한 고문을 받으면서 "하느님 한 초 바삐 이 영혼 불러주시오 하는 이 간단한

104) 위의 책, 129-130.

105) 클라라 헤드버그 브루엔/김중순 편역, 『100년 은혜, 세상과 나누리! 브루엔 선교사의 한국 생활 40년 제2권』(서울: 기독교문사, 2014), 303.

기도는 끊어지려는 숨과 같이 올라갔다"고 회고했다.[106) 그는 사형 집행을 가장하여 최후로 자백을 강요하는 고문도 당했는데, 그때의 심정과 기도를 이렇게 기록했다.

한 초 참았으니 또 한 초 못 견디겠느냐. 이를 악물고 한 초, 한 초로 1일을 지냈고, 일주일, 이주일, 35일을 쌓았다. 이렇게 한 초, 한 초를, 이를 갈며 견딘 것이 살려고 한 것이 아니었고, 한 초면 죽는다. 한 초만 참으면 죽는다. 죽기를 쌓은 것이 한 초, 한 초로 금일(今日)을 쌓았으니 지금 사형장으로 가는 것은 목적 달성이요 광영(光榮)인 개선탑(凱旋塔)이다. 나는 비장하고 통쾌하여 속으로 기뻐하였으니, 겉으로도 나타났을 것이다. 고생과 수고 다 지나간 후 광명한 천당에 편히 쉴 때, 나는 금시(今時)로 이 괴로운 몸을 벗어 버리기를 간절히 기도하였다.[107)

선우훈과 같이 끝까지 허위 자백을 거부한 이순구, 이재희, 정덕연, 차영준, 홍성린 등을 제외하면 대부분은 고문을 못 견디고 허위 자백을 했다. 길진형도 총독을 암살하기 위하여 동료들과 모의했다고 허위로 자백했다. 브루엔(Henry M. Bruen, 부해리[傅海利]) 선교사는 길진형이 받은 고문과 그로 인하여 허위로 자백하게 된 상황을 이렇게 전하고 있다.

106) 선우훈, 『민족의 수난』(서울: 태극서관, 1949), 40. 선우훈의 『민족의 수난』은 1949년에 태극서관에서 출간한 초판과 1955년에 애국동지회 서울지회에서 출간한 8판(보급판)의 내용이 차이가 있다. 필자는 1949년 초판의 내용을 주로 참고하고 인용했다.

107) 선우훈, 『민족의 수난』, 88.

피고인(길진형): 그것은 다른 사람들처럼 나 또한 말할 수 없는 고문을 당했기 때문이오. 나는 경찰청에서 70일을 있었소. 세 번의 고문에 정신이 혼미해졌소. 한빈은 새벽 2시부터 밤 10시까지 손이 묶여 매달려 있었소. 심문관은 "만약 네가 자백하지 않으면 우리는 네가 죽을 때까지 고문할 거야. 너를 정말 죽이는 것은 아무 문제도 아니야"라고 말했소. 하지만 곧 한 심부름꾼이 와서 어떤 회의가 열릴 것이라고 전하자, 그들은 또 이렇게 말했소. "운이 좋군. 이번에는 정말 널 끝내 줄 생각이었는데." 나는 두 팔을 너무 심하게 다쳐서 혼자서는 밥도 먹을 수 없었소.

하지만 그 후에 그들은 나를 또 고문했소. 한번은 추운 겨울날, 나를 벌거벗겨서 세 시간 동안 머리에서부터 발끝까지 얼음물을 부었소. 나의 고통은 형용할 수가 없었소. 그들은 계속해서 나에게 자백하라면서, "70, 80명이 벌써 자백했어. 너는 여전히 입을 다물고 있는 유일한 놈이니, 네가 말할 때까지 계속 이 짓을 할 거야. 일흔두 가지 다른 고문 방법이 있는데, 필요하다면 네가 항복할 때까지 2년 동안도 할 수가 있다고." 그래서 저는 결국 굴복하고 말았소.[108]

이렇게 해서 길진형은 경찰이 원하는 내용대로 자백했다. 1912년 2월 14일 쿠니토모 쇼켄이 작성한 신문조서(訊問調書)에서 길진형이 대답한 내용 중 일부를 소개하면 다음과 같다.

---

108) 이 내용은 경찰에게 고문을 받아서 허위 자백할 수밖에 없었다는 것을, 길진형이 법정에서 판사에게 진술하고 있는 내용이다. 클라라 헤드버그 브루엔/김중순 편역, 『100년 은혜, 세상과 나누리! 브루엔 선교사의 한국 생활 40년 제2권』, 302.

문: 단총을 나누어 주고 나서 어떻게 하였는가?

답: 그날 이승훈(李昇薰)이 납청정(納淸亭)에서 다수, 아마 3~40명을 데리고 와 8반에서 서로 인사를 하고 그로부터 일동은 정거장으로 갔다. 그때는 구내에 들어간 사람도 있었고 들어가지 못한 사람도 있었으며 나는 정거장 밖 울타리가 있는 곳에 있었는데, 기차가 와서 잠시 정거하였으나 총독은 하차하지 않은 채 출발해 버렸으므로 헛되이 돌아왔다. 그날 밤 중학 8반에, 그때가 가장 많아 약 200명이 모였으며, 외국인은 윤산온(尹山溫)과 나부열(羅富悅)이 출석하여 "오늘은 총독이 하차하지 않아 부득이하였으나 내일 돌아올 때는 반드시 실행하라. 총독을 알지 못하는 사람이 많으므로 내가 악수할 터이니 그 악수하는 자를 총독이라 보고 실행하라"고 말하였고, 나부열은 윤산온과 같이 "내일은 반드시 실행하라"고 말하였으며, 다음에는 양준명(梁濬明)이 "오늘은 하차하지 않아 기회를 얻지 못했다. 내일은 반드시 실행하라"고 말했고, 옥관빈(玉觀彬)은 "오늘이루지 못했다 하여 낙담하지 말고 내일은 결심, 실행하라"고 말하였으며, 이승훈은 "오늘은 기회를 얻지 못해 목적을 달성하지 못하였다. 내일은 결심, 실행하지 않으면 안 된다. 이것은 내 자유가 아니라 경성 윤치호(尹致昊), 양기탁(梁起鐸), 임치정(林蚩正) 등의 명령이다. 윤치호, 양기탁은 13도의 대표자로서 명령한 것이므로 13도의 명령이라 생각하여 이 명령에 위배되지 말고 반드시 실행하지 않으면 안 된다"고 말했고, 안태국(安泰國)도 "오늘은 실패했으나 전국의 명령에 위배해서는 안되므로 반드시 실행하자"고 말하여 그날 밤은 그것으로 헤어졌다.

문: 다음 날 어떻게 하였는가?

답: 다음 날 아침 일동은 학교에 모였는데, 단총은 ㄱ 전날 밤에 반환하여 두었으므로, 전날 윤산온을 비롯한 7반에 모여서 나누어 주었던 자들이 모여 전날 나누어 준 사람들에게 또 단총을 나누어 주었다. 나는 그때도 곽태종(郭泰鍾)으로부터 거무스름한 단총을 받았으며, 학생들은 열(列)을 지어 가고 나는 교사들과 같이 학생들의 옆에 붙어 정거장 구내 승강장으로 갔고 학생은 정렬하였으며, 나는 학생들의 선두인 의주(義州) 쪽 윤산온, 교사 등이 있는 곳에 있었다. 그러자 기차가 와서 정거하고 총독이 하차하여 평양 쪽 일본인이 있는 곳으로 갔다가 신의주 쪽에 있는 학생들 앞을 지나왔던바, 윤산온이 약간 앞으로 나가 총독과 악수하고 총독은 되돌아와서 기차에 올라 무사히 출발하였으므로 목적을 달성하지 못해 참으로 유감이었다.

문: 그때 너는 어떻게 하였는가?

답: 조끼 왼쪽 아랫주머니에 넣어 가지고 가서 기차 소리를 듣고 오른손을 두루마기 오른쪽 구멍으로 넣어 단총을 잡아 쥐었는데, 물론 암살할 결심이었으나 총독에게는 많은 수행자가 있었고 순사도 있어 경계가 엄중하였으므로 이루지 못하였다.[109]

---

109) 「길진형 신문(訊問)조서(제1회)」(1912년 2월 14일).

3.
1년 5개월만의 무죄 석방

105인 사건의 재판은 1912년 6월 28일 경성지방법원에서 첫 재판을 시작하여 1913년 10월 고등법원의 최종 결심 공판까지 5차에 걸쳐 진행되었다. 경성지방법원의 제1심 공판은 1912년 6월 28일부터 9월 26일까지 20회 진행되었으며, 경성복심법원의 공판은 1912년 11월 26일부터 1913년 3월 20일까지 52회 진행되었다. 경성고등법원의 상고심은 1913년 4월 25일부터 5월 24일까지 3회 진행되었고, 다시 대구복심법원으로 이관된 공판은 1913년 7월 1일부터 15일까지 5회 진행되었다. 그리고 경성고등법원의 결심 공판은 1913년 9월 29일부터 10월 9일까지 1회 진행되었다.

제1심 공판에서는 123명의 기소자 중 105명에 대하여 유죄를 선고하고 다음의 표와 같이 형량을 확정했다.

[표 5] 유죄 판결을 받은 105명의 명단

형량	이름	계
징역 10년	안태국, 양기탁, 유동열, 윤치호, 이승훈, 임치정	6
징역 8년	곽태종, 김일준, 나일봉, 변인서, 선우혁, 송자현, 양준명, 오희원, 옥관빈, 이기당, 이용화, 임경엽, 장응진, 차리석, 최덕윤, 최성주, 최예항, 홍성린	18
징역 8년	강규찬, 김동원, 김두화, 김시점, 김익겸, 김찬오, 김창건, 김창환, 노정관, 노효욱, 백몽규, 백용석, 신상호, 신효범, 안경록, 안준, 양전백, 오학수, 유학렴, 윤성운, 이근택, 이덕환, 이명룡, 이봉조, 이용혁, 이창석, 이춘섭, 이태건, 임도명, 장관선, 장시욱, 정원범, 정익로, 조덕찬, 주현측, 지상주, 차균설, 최주익, 홍성의	39
징역 5년	강봉우, 길진형, 김봉수, 김선행, 김용오, 김용화, 김응봉, 김응조, 김현식, 나봉규, 나승규, 나의섭, 박병행, 박상훈, 박찬형, 백남준, 백일진, 서기풍, 손정욱, 안광호, 안성제, 안세환, 양준희, 오대영, 오택의, 옥성빈, 윤원삼, 이동화, 이병제, 이재윤, 이정순(李廷淳), 이정순(李正橓), 이지원, 정덕연, 정주현, 조영제, 차영준, 차희선, 최성민, 최제규, 편강렬, 홍규민	42

제1심 공판에서 무죄 판결은 받은 사람은 김성봉, 김순도, 김옥현, 김용선, 김용환, 김응록, 김인도, 김태헌, 백몽량, 선우훈, 이규엽, 이순구, 이재윤, 이재희, 이준영, 이창식, 최서찬, 탁창호 등 18명이었다. 이들 중 김옥현(잡화상), 김응록(미곡상), 탁창호(유기업), 최서찬(교사)을 제외한 14명이 학생이었고, 대부분 신성중학교 학생이었다.

1913년 3월 20일에 열린 경성복심법원 52회 공판에서는 안태국, 양기탁, 윤치호, 이승훈, 임치정 등 5명에게 징역 6년, 옥관빈에게 징역 5년

제1심에서 무죄 판결을 받고 석방된 사람들(1912년 10월 12일)
© Presbyterian Historical Society

이 선고되었다. 나머지 99명에게는 증거 불충분을 이유로 무죄가 선고
되었다.[110] 유죄 판결을 받은 6명은 상고하였고, 경성고등법원, 대구복
심법원을 거쳐 1913년 10월 9일 경성고등법원 결심 공판에서 안태국,
양기탁, 윤치호, 이승훈, 임치정 등 5명에게는 징역 6년, 옥관빈에게는
징역 5년이 선고되면서 105인 사건의 재판은 종결되었다.

길진형은 경성지방법원의 제1심 공판에서 징역 5년을 선고받았고, 경
성복심법원 공판에서 무죄 판결을 받아 석방되었다. 1911년 10월 12일에
구속된 지 1년 5개월 만에 석방된 것이다. 하지만 경무 총감부의 신문 과
정에서 받은 고문과 구속 생활로 인하여 건강이 매우 악화된 상태였다.

110) 「경성지방법원 판결문」; 「경성복심법원 판결문」, 공훈전자사료관 독립유공자 공적 정보(https://
   e-gonghun.mpva.go.kr/user/ContribuReportDetailPopup.do?goTocode=0&mngNo=1532&), 2024
   년 11월 4일 접속.

3장

⋮

미국에서의
교육 운동

1.
미국으로 가는 길

  길진형은 석방 후에 후유증을 치료하고, 공부를 하기 위하여 중국을 거쳐 미국 유학을 떠났다. 1910년대 미국 유학생들 가운데는 평양 대성학교와 숭실학교, 선천 신성학교와 같은 평안도 지역의 기독교계 학교 출신들이 많았다. 그들은 보통 신의주에서 압록강 철교를 건너 중국 안동현(安東縣, 현재 단둥(丹東))에 도착해서 중국인으로 변장하고 아일랜드계 영국인 조지 루이스 쇼(George Lewis Shaw, 소지영[蘇志英])가[111] 운영하는 이륭양행(怡隆洋行)의 기선을 타거나, 기차 편으로 선양(瀋陽, 봉천), 텐

---

111) 조지 루이스 쇼(1880-1943)는 중국 푸젠성(福建省) 푸저우(福州)의 파고다 아일랜드(Pagoda Island)에서 태어났으며, 20대 초반인 1900년경 한국의 금광(평남 운산 금광으로 추정)에서 회계로 근무한 경험이 있다. 1907년경 중국 안동현으로 옮겨 영국 조계지인 현재 단둥시(丹東市) 원보구(元寶區) 훙룽가(興隆街) 25호에 무역회사 겸 선박대리점인 이륭양행(怡隆洋行)을 설립했다. 아일랜드 출신으로 자연스럽게 한국 독립운동에 호감을 가지고 상하이로 가는 사람들이나 독립운동가들에게 편의를 제공했다. 특히 3·1운동 이후 이륭양행 내 임시정부의 안동교통지부 교통국을 설치하여 독립운동을 전개하는 데 필요한 모든 인적·물적 자원을 안전하게 운반하도록 지원하였다. 대한민국 정부는 그의 독립운동 공헌을 기려 1963년에 건국훈장 독립장을 추서했다. "조지 루이스 쇼," 독립기념관 한국독립운동정보시스템(https://search.i815. or.kr/dictionary/detail.do?searchWord=&reSearchWord=&searchType=all&index=1& id=722), 2025년 10월 5일 접속.

진(天津), 쑤저우(蘇州)를 거쳐 상하이(上海)에 도착했다. 망명 유학이 절정에 이르렀던 1915년을 전후해서는 100명에 가까운 청년들이 미국으로 가기 위해 상하이에 체류했다.[112] 그들은 독립운동 단체인 동제사(同濟社)나 YMCA, 미국 선교사 등의 도움을 받는 경우가 많았나.

동제사는 1912년 7월 4일경에 박은식(朴殷植), 신규식(申圭植) 등의 주도로 상해에서 조직되었다. 박은식이 총재, 신규식이 이사장을 맡은 동제사는 간사와 사원 등으로 구성되었는데, 1919년에 대한민국 임시정부가 수립되기 전까지 상하이 한국인의 중심 조직 역할을 했으며 회원은 300여 명에 달했다. 동제사의 동제는 동주공제(同舟共濟)에서 가져온 것으로, 같은 배를 타고 함께 건넌다는 협동, 단결의 의미를 지니고 있었다. 동제사는 공제사(共濟社), 동주사(同舟社), 혁명당이라고 불렸으며, 사원을 당원이라고도 불렀다. 표면상으로 유학생들의 호조(互助) 기관을 표방했지만, 실질적으로는 독립 운동단체로 활동했다.[113]

동제사는 중국, 미국으로 유학하려는 한인 학생들의 생활, 학습공동체의 역할과 비밀 독립운동 조직으로서 역할을 병행하고 있었다. 초기에는 난징, 상하이 지역 한인 유학생들의 집단 숙식지로서 유학 알선, 편의 제공, 상호 부조에 초점을 두었으며, 그 과정에서 점차 조직화가 이뤄지는 한편 상호 부조 조직에서 반일 민족주의운동 단체로 성격이

---

112) 장규식, "1900-1920년대 북미 한인 유학생 사회와 도산 안창호," 『한국근현대사연구』 제46집 (2008. 가을), 117-118.

113) 정병준, 『김규식과 그의 시대 1, 고아 소년 "존"의 근대로의 여정(1881-1918)』(파주: 돌베개, 2025), 319.

성격이 변화되었다.[114]

[신규식의 동제사 창립 취지문]

신규식이 1914년 6월에 동제사 창립 3주년을 기념해 쓴 취지문이 남아 있다. 행초서
(行草書)에 운문형식(韻文形式)으로 되어 있는데, 사진과 그 내용을 소개하면 다음과
같다.

동제사 창립 취지문 ⓒ 독립기념관 한국독립운동정보시스템

古今如彼其渺茫 我生同(고금여피기묘망 아생동)
江山如彼其悠漠 我居同(강산여피기유막 아거동)
黃白如彼其複雜 我色同(황백여피기복잡 아색동)
風習或殊 我氣同(풍습역수 아기동)
世路有歧 我向同(세로유기 아향동)
風浪有惡 我舟同(풍랑유악 아주동)
同兮同兮 惟我之同(동혜동혜 유아지동)
惟我之同 天命之同(유아지동 천명지동)
同以相濟 何患不濟(동이상제 하환부제)
濟以相同 何憂不同(제이상동 하우부동)

---

114) 위의 책, 319.

同之因 濟之果(동지인 제지과)
同濟之威 惡魔消滅(동제지위 악마소멸)
同濟之德 衆生咸樂(동제지덕 중생힘락)
世界不死 同濟永生(세계불사 동제영생)
我舍同濟 誰與爲歸(아사동제 수여위귀)
我滿天下同志(아만천하동지)

此曩年同立時所鳴情者(차낭년동립시소명정자)
而是日更泚筆書之 用申祝忱之萬一云爾(이시일경자필서지 용신축침지만일운이)
同第三年六月(甲寅仲夏)紀念日一民(동제삼년유월(갑인중하)기념일일민)

옛날과 지금이 저렇게 아득히 먼데 우리의 삶은 같고
강산이 저렇게 아득히 넓은데 우리가 사는 곳은 같으며
황인종 백인종이 저렇게 복잡하지만, 우리는 피부색이 같으며
풍습이 나라마다 다르지만, 우리는 기상이 같으며
세상에 갈림길이 있어도 우리의 지향은 같으며
풍랑이 사나워도 우리가 같은 배를 탔으니
같도다! 같도다! 마땅히 우리는 같도다
마땅히 우리가 같으니, 천명도 같도다
같음으로써 서로 구제하면 어떤 환난인들 구제하지 못하며
구제하기를 서로 함께하면 어떤 걱정인들 함께하지 못할까?
함께하는 것은 원인이고 구제하는 것은 결과이니
함께 구제하는 위력에 악마는 소멸하고
함께 구제하는 덕택에 중생이 모두 즐거워하며
세계는 멸망하지 않고 동제는 영원하리니
우리가 동제를 버리고 누구와 함께 돌아갈까?
천하에 가득한 우리 동지들이여!

이글은 몇 해 전 동제사를 세울 때의 심정을 읊은 것인데,
이날 다시 붓을 적셔 씀으로써 축하하는 정성의 만분의 일이라도 표현하려고 한다.

동제사 제3년 6월(갑인년 한여름) 기념일 일민(신규식)

길진형이 상하이에서 미국으로 가는 데는 독립운동가 김규식(金奎植)의 도움을 받은 것으로 파악된다. 당시 새문안교회 장로였던 김규식은 오스트레일리아에서 고급 학위과정에 진학하거나 인삼 판매 목적을 내세워 총독부와 재한 선교사의 동의를 얻은 후 여권을 발급받아 1913년 4월 2일 서울을 떠났지만,[115] 실제로는 중국 망명이 목표였다. 김규식은 중국에 도착하자마자 동제사에 합류하여 활동하면서 1913년에만 세 차례에 걸쳐 학생들의 도미 유학을 주선했다. 6월에는 김열(金烈)의 미국행을 주선했고, 7월에는 손병현, 이전, 조종문, 이제현, 김석은, 장경애 등 6명의 미국행을 주선했으며, 8월에는 길진형을 비롯한 8명의 미국행을 주선했다.[116]

1913년 8월 12일에 김규식이 미국에 있는 신한민보사 최정익(崔正益), 안창호(安昌浩, 1878-1938)에게 보낸 편지에서 미국으로 떠나는 길진형 등 8명에 대하여 자세히 언급하고 있다.

지난 6월 몽골리아 선편으로 이곳을 떠난 김열 씨 편으로 보낸 내 편지들을 받았을 것으로 생각합니다. 또한 시베리아 선편으로 타고 간 여성 3명과 학생 4명도 지금쯤이면 무사히 도착했을 것으로 생각하고

---

115) The Korea Mission Field 1913년 5월호에는 김규식이 고급 학위과정 수학을 위해서 4월 2일에 오스트레일리아로 떠났다고 했으며, 조선총독부 경무 총감부의 「외국여권하부표(外國旅券下附表)」에는 여행지를 오스트레일리아, 홍콩, 인도로, 여행 목적은 인삼 판매로 기록하고 있다. "Note and Personals," The Korea Mission Field (May, 1913), 115; 日本 外務省 記錄(일본 패전 前), 「海外旅券下付(附与) 返納表進達一件(附与明細表)」 第164卷, 국사편찬위원회 전자 사료관 원문 뷰어 서비스(https://archive.history.go.kr/image/viewer.do?catalogId=AJP036_04_00C1471), 2025년 10월 4일 접속.

116) 정병준, 『김규식과 그의 시대 1, 고아 소년 "죤"의 근대로의 여정(1881-1918)』, 357-359.

있습니다. 우리는 결과가 어찌 되었든지 간절히 듣길 원합니다.

오는 8월 27일 이곳을 출발하는 몽골리아 선편으로 또 다른 학생 그룹이 가게 될 것입니다. 나는 그들이 거기 도착했을 때 귀하가 상륙을 잘 주선해 줄 수 있으리라 확신합니다 귀하가 이 문제를 미리 검토할 수 있게 하려고, 나는 이(명단)를 미리 발송합니다. 이들의 성명은 다음과 같습니다.

1. 길우(Chi Yu, 吉宇) 구명 길진형(吉鎭亨), 길선주(吉善宙) 목사의 아들로 최근 사건인 122인 사건(105인 사건)의 일원

2. 임성일(Liu Ching Yeh, 林成一), 대성학교 학생 출신

3. 왕세진(Wang Si Chen, 王世振), 대성학교 학생 출신

4. 윤필건(Yuin Pi Chien, 尹必建), 대성학교 학생 출신

5. 임우(Liu Yu, 林尤), 구명 곽태종(郭泰鍾), 최근 석방된 99명의 일원

6. 이축(Lie Chu, 李逐), 구명 이용혁(李龍赫), 최근 석방된 99명의 일원

7. 임호(Lin Hu, 林虎), 구명 임경엽(林冏燁), 최근 석방된 99명의 일원

8. 전익영(Chen Yih Yung, 全益榮), 이 배에 탑승 여부 미정인 학생

나는 수일 내에 귀하에게 전문을 보내 지난번 두 그룹의 결과가 어떻게 되었는지, 귀하가 후속 작업을 언제쯤 처리할 수 있을지 문의할 예정입니다.[117]

이 편지에 의하면 8월 27일 상하이에서 줄발 예정인 8닝은 길진형,

117) "김규식→안창호(상해 1913.8.12.)," 도산안창호선생전집 편찬위원회 편, 『도산 안창호 전집 2』 (서울: 도산안창호선생기념사업회, 2000), 32-34.

임성일, 왕세진. 곽태종, 윤필건, 이용혁, 임경엽, 전익영 등이었다. 길진
형, 곽태종, 이용혁, 임경엽은 105인 사건 관련자였고, 임성일, 왕세진,
윤필건은 평양 대성학교 출신 학생이었으며, 전익영도 학생이었다. 이
들은 한국 이름 대신 치유, 류칭예, 왕시첸, 유인피치엔, 류유, 리에추,
린후 등 중국 이름을 새로 사용했다.

　곽태종(도미 후 곽림대(郭林大)로 개명)은 자신의 회고록에서 1913년에 도
미하던 일을 회고했다. 그는 이용혁(도미 후 이일(李逸)로 개명)과 함께 먼
저 중국으로 가는 것을 준비했는데, 재력이 넉넉한 이용혁의 도움을
받았다. 그는 안동현에서 길진형과 합류했으며, 상하이에 도착한 후
YMCA에서 임성일, 왕세진, 윤필건을 만났다. 곽태종은 이들로부터 김
규식의 소식을 들었고, 신채호와 자신들을 환영하는 자리에서 수십 명
을 만났다. 그리고 임초(林超)와 이용혁, 이원(이용혁의 동생)이 상하이에
도착했다. 그들은 김규식을 통해 미국에 가는 승선권 구입을 시도했
지만, 여행권이 없다는 이유로 미국 선박회사는 승선권 발매를 거절했
다.[118] 그들은 샌프란시스코 대한인국민회(大韓人國民會) 북미 지역 총회
장 이대위(李大爲)를 통해서 미국 정부와 교섭을 벌여 입국 허가를 받았
다.[119]

　대한인국민회가 미국 정부를 상대로 이와 같은 교섭을 할 수 있었던
것은, 1913년 6월에 일어난 헤멧 사건과 관련이 있다. 1913년 6월 27일
캘리포니아주 리버사이드(Riverside) 헤멧(Hemet) 지방에서 한국인 11명

---

118) 곽림대, 『못잊어 화려강산』(서울: 대성문화사, 1973), 90-101.

119) 정병준, 『김규식과 그의 시대 1, 고아 소년 "존"의 근대로의 여정(1881-1918)』, 360.

이 살구농장에 일하러 갔는데, 그들을 일본인으로 오인한 주민들에 의해 배척받는 사건이 발생했다. 일본 영사는 한국인들을 위해 살구농장 주인으로부터 배상을 받아주겠다고 나섰지만, 한국인들은 이를 거질하고 대한인국민회 북미 지역 총회가 그 지방 주민들과 교섭하여 기차 운임을 받아냈다. 또한 북미 지역 총회장 이대위는 6월 30일에 미 국무부에 "귀국 법률하에 사는 한인들은 대개 일본의 국권 탈취 이전에 한국을 떠난 사람들이며 일본의 국권 탈취를 반대하고, 일본 정부의 간섭을 받지 않을 것이니, 전시나 평시를 물론하고 재미 한인을 일인과 같이 대우하지 말며, 어느 때든지 한인에 관한 문제는 한인사회와 교섭해주기를 바란다"고 요청했다. 이에 대해서 7월 2일에 미 국무장관 브라이언은 "이로부터 재미 한인에게 관계되는 일은 공사(公私)를 물론하고 일본 정부나 일본 관리를 통하지 않고 한인사회와 교섭할 것"라는 답장을 보냈다.[120]

이렇게 헤멧 사건을 통해서 대한인국민회 북미 지역 총회가 미국 정부와 이민 당국을 상대로 한 교섭권을 직접 행사할 수 있게 되었고, 이에 따라 길진형 일행은 승선권을 구하여 미국으로 떠날 수 있게 되었다. 미국이 제1차 세계 대전에 참전하는 1918년 이전에는 여행권 없이도 미국 여행이 가능했으며, 대한인국민회 북미 지역 총회는 이를 알선할 수 있었다. 중국에서 미국으로 오는 한국인 유학생들은 자신들이 1910년 한일합방 이전에 중국으로 망명한 사람들로 일본의 통치를 인

---

120) "쌔라연의 명령으로 헤밋 한인의 수건을 덩지," 「신한민보」 1913년 7월 4일; 김원용/손보기 편, 『재미 한인 50년사』(서울: 혜안, 2004), 114-117.

정하지 않는다고 주장하고, 중국인으로 입적해서 중국 여권을 획득한 후, 샌프란시스코 대한인국민회와 협의하여 미국 이민국으로부터 상륙 허가를 받을 수 있었다.[121]

당시 미국에 가기 위해서는 국내에서 상하이까지의 여비와 상하이 체류비, 미국으로 가는 승선권 값을 포함해서 약 100달러(조선은행권으로 약 200원)의 비용과 별도의 휴대금이 필요했다.[122] 이런 비용을 미리 준비할 수 없는 사람들을 위하여 샌프란시스코 대한인국민회는 대납 후 미국에 입국하여 갚는 방법을 사용했다. 대한인국민회는 태평양우편기선회사(Pacific Mail Steamship Company)에 상하이-샌프란시스코 간 여비를 지불한 후 승선권을 받아 도미하려는 상하이의 한국인에게 송부하는 방법을 사용했다. 휴대금은 미국에 도착한 학생들이 노동을 하지 않고 바로 유학 생활을 시작할 수 있도록 미 이민국에서 의무적으로 규정한 것이었지만, 휴대금을 준비할 수 없는 학생은 보통 하와이 대한인국민회에 미리 휴대금 조달을 부탁한 후에, 배가 호놀룰루에 도착해서 약 10시간 정도 정박할 때 찾아가 빌린 다음 샌프란시스코에 상륙한 후 갚는 방법을 쓰기도 했다.[123]

정원택(鄭元澤)의 『지산외유일지(志山外遊日誌)』에는 길진형 일행의 도미에

121) 정병준, 『김규식과 그의 시대 1, 고아 소년 "존"의 근대로의 여정(1881-1918)』, 373.

122) 휴대금은 처음에는 50달러였으나 1914년에 100달러, 1916년에 200달러로 인상되었다. 1914년 9월 15일부터 미국 이민국은 학력을 증명하는 재학 증서나 졸업장, 미국 영사나 명망 있는 서양인의 보증서, 100달러 이상의 휴대금을 가지고 오지 않는 학생은 상륙을 허락하지 않는다는 조례를 실행했다. "도미 동포의 주의," 「신한민보」 1914년 9월 24일.

123) 곽림대, 『못잊어 화려강산』, 96-104; 장리욱, 『나의 회고록』(서울: 샘터사, 1975), 40-52.

관한 내용이 나온다. 이 일지에서는 1913년 8월 17일에 길진형과 이용혁이 정원택을 방문하여 인사를 나누었고, 8월 26일에는 길진형, 곽태종, 이용혁, 임초, 신채호 등을 초청하여 환영회를 개최하였으며, 다음 날에 길진형, 임성일, 왕세진, 윤필건, 곽태종 등 5명이 미국으로 출발했다고 기록했다.[124]

하지만 8월 27일에 실제 샌프란시스코행 배를 탄 사람은 길진형, 곽태종, 윤필건, 왕세진, 임초, 오종현(吳宗鉉, 일명 오임하(吳林河)) 등 6명이었다.[125] 이들은 태평양우편기선회사의 몽골리아(S.S. Mongolia)호를 타고 상하이를 출발했다.

몽골리아호는 1904년부터 1915년까지 태평양 횡단(홍콩, 하와이, 샌프란시스코) 항로에 사용된 13,369톤 규모의 증기선으로 약 1,700명의 승객을 태울 수 있었다.

곽태종의 회고록에 의하면 몽골리아호에 승선한 길진형 일행은 일본을 지나가게 되어 고베(神戶), 나가사키(長崎), 요코하마(橫濱)에서 일본 경찰의 조사를 받게 되었는데 경찰은 그들을 끌어 내리려 안간힘을 썼다. 미국인 함장은 그들이 선상에 계속 있으면 일본 경찰이 체포할 권리가 없다고 하면서 육지로의 하선을 거부하라고 조언했다. 일본 경찰은 길진형 일행이 여행권 없이 미국에 가는 것이 위법이므로 체포하려 힌디

124) 정원택/홍순옥 편, 『지산외유일지』(서울: 탐구당, 1983), 372.

125) "상항 한인 유학생 조사 보고," 『신한민보』 1913년 10월 24일.

태평양우편기선회사의 몽골리아호 ⓒ 위키피디아

고 했지만, 미국인 선장은 이를 거부했다고 한다.[126] 길진형 일행은 몽
골리아호의 2급 선객으로 승선하여 1913년 8월 27일에 상하이를 떠난
후 29일에는 홍콩에 도착했고, 8월 31일에는 고베에 도착했으며, 9월 3
일에는 나가사키에 도착했다.[127] 그 후 요코하마에 들른 후 태평양을
횡단했다.

이렇게 힘든 여정을 거쳐 1913년 9월 20일에 길진형 일행은 샌프란시
스코에 입항한 후 천사도(天使島, Angel Island)에 있는 이민국에서 신체검

---

126) 곽림대, 『못잊어 화려강산』, 102-103.

127) "朝鮮人의 米國 渡航에 관한 건," 「不逞團關係雜件-朝鮮人의 部-在歐米 1」 高秘特發 제1308호,
秘受 3680호(1913년 8월 30일, 9월 2일); "朝鮮人의 米國 渡航에 관한 건," 「不逞團關係雜件-朝
鮮人의 部-在歐米 1」 兵發秘 제345호 秘受 3723호(1913년 9월 1일, 4일); "朝鮮人 渡米에 관한
건," 「不逞團關係雜件-朝鮮人의 部-在歐米 1」 特秘收 제917호 秘受 3811호(1913년 9월 6일, 9
일).

사와 입국심사를 받았다.[128] 길진형은 상하이에 있을 때는 길우(吉宇)라는 이름을 사용했지만, 미국에 도착한 이후에는 길원(吉元, Kiel Won), 길천여(吉天與), 길천우(吉天友) 등의 이름을 사용했다. '천여'와 '천우'라는 이름을 '하늘이 돕는다', '하늘을 따른다', '하늘을 벗하나' 등의 의미로 생각하면, 길진형이 자신의 미국행과 낯선 타국 생활에 하나님이 함께 계시고 친구가 되어 주시길 바라는 소망과 신앙을 담아서 지은 것은 아닐까 하고 생각해 본다.

---

128) "학생 상륙," 「신한민보」 1913년 9월 26일; "상항 한인 유학생 조사 보고," 「신한민보」 1913년 10월 24일.

2.
대한인국민회와
흥사단 가입

　이민국의 입국심사를 통과하여 샌프란시스코에 상륙한 길진형은 한인사회를 중심으로 하여 빠르게 활동을 시작했다. 그는 1913년 10월 5일에 샌프란시스코 한인청년회의 전도국장으로 선출되었으며,[129] 10월 11일에는 곽임대, 여운홍(呂運弘), 조동현(趙東鉉), 조인성(趙仁聖) 등과 함께 대한인국민회에 가입했다. 대한인국민회 샌프란시스코지방회는 회장 신한(申韓)의 사회로 제10차 통상회를 열고 이들을 신입회원으로 받았다.[130] 같은 해 10월 21일에는 흥사단(興土團)에도 가입했다.[131]

---

129) "청년회 임원 변동," 「신한민보」 1913년 10월 10일.

130) 「대한인국민회 상항지방회 회장 신한이 이대위에게 보낸 통상회 경과보고」(1913년 10월 11일);
　　"상항지방회보," 「신한민보」 1913년 10월 17일.

131) 흥사단은 1913년 5월 13일에 샌프란시스코에서 안창호의 주도하에 홍언(경기도), 염만석(강원도), 조병옥(충청도), 민찬호(황해도), 송종익(경상도), 강영소(평안도), 김종림(함경도), 정원도(전라도) 등의 8도 대표를 포함한 25명을 창립 위원으로 하여 설립되었다. 흥사단은 독립운동에 참여할 인재를 양성하고, 독립운동 자금을 준비하는 단체였으므로 개인 수양과 민족 독립을 지향하는 복합적인 성격을 가지고 있었다. 이현주, "1907-1910년의 청년계몽운동과 흥사단 창립," 「도산학연구」 제9집(2003), 63-64; 조지숙, "흥사단의 1차 약법 개정 논의와 운동노선," 「한국근현대사연구」 제87집(2018. 겨울), 292.

홍사단 제38단우 길천우 이력서[132]
ⓒ 독립기념관 한국독립운동정보시스템

홍사단 가입 당시 작성한 내용과 후에 첨부한 내용이 함께 있는 그의 이력서에는 단우(團友) 번호(38번)와 출생일, 출생지, 거주지, 학력 및 이력, 종교, 가입 활동 단체, 재능(성경, 수학, 음악), 가족 사항 등이 기록되어 있다. 직업란에 기록한 학력 사항은 착오가 있다. 예수교 소학교(숭덕학교)와 숭실중학교 재학 기간을 모두 소학 수업으로 적었으며, 숭

---

132) 이력서는 입단한 1913년 10월 21일을 전후하여 작성한 것으로 추정되는데, 이력서 위에 고(故)라고 기재되어 있어서 길진형이 사망한 1917년 11월 이후에 필사했거나, 혹은 고(故) 자만 추가했을 수 있다.

실대학 재학 기간을 중학 수업으로 기록했다. 또한 신성중학교 교사로 2개월 정도 재직하고 105인 사건으로 구속되어 1913년 3월에 석방되었지만, 그 기간을 모두 신성중학교 교사로 재직한 것으로 기록했다.

한국에 있는 가족 중에는 아버지 길선주 목사와 어머니 신선행, 동생 진경, 진주 진섭 외에도 1913년 당시 19세의 부인 오순애와 어린 아들 낙영(洛永, 후에는 樂永)의 이름도 적혀 있다.[133] 이력서 내용을 한글로 바꾸면 다음과 같다.

홍사단 제3회 연례대회(1916년 12월 30일). 세 번째 줄 왼쪽부터 일곱 번째가 길진형.
ⓒ 독립기념관 한국독립운동정보시스템

---

133) 길선주 목사의 민적등본(民籍謄本)에는 길진형의 부인 오순애는 1893년 12월 26일에, 아들 낙영은 1913년 12월 23일에 출생한 것으로 기재되어 있다. 「吉善宙 民籍謄本」, 국사편찬위원회 전자 사료관(http://archive.history.go.kr/record/catalog/catalogView.do), 2024년 11월 11일 접속.

고(故) 제38단우 길천우 이력서

출생시(出生時): 건국 기원 4224(1891)년 2월 17일

출생지: 한국 평안남도 평양 장대현

거주지: 4224년-4246(1913)년 평양부 내, 미국 가주(加州, 캘리포니아)

직업: 4230(1897)년-4231(1898)년 한문서숙(漢文書塾, 서당)

     4231(1898)년-4240(1907)년 소학(小學) 수업

     4240(1907)년-4242(1909)년 숭실학교 교사

     4242(1909)년-4244(1911)년 중학(中學)수업

     4244(1911)년-4246(1913)년 신성중학(信聖中學) 교사

학예: 숭실대학교 졸업

종교: 예수교 4231(1898)년 입(入)

단체: 전도회, 동제사(同濟社), 청년회, 국민회

최고 기능: 성경, 수리과(數理科)

소긍(所肯): 음악

개명: 진형(鎭亨)

가족: 부 선주(善宙), 45세, 직업: 예수교 목사

     모 선행(善行) 신(申) 씨, 50세, 직업: 가(家)

     동생 진경(鎭京) 11세, 학생

     진섭(鎭燮) 7세, 학생

     여동생 진주(鎭周) 9세, 학생

     부인 순애(順愛) 오(吳) 씨, 19세, 직업: 가(家)

     아들 낙영(洛永)

입단일: 4246(1913)년 10월 21일

3.
클레어몬트에서의
교육 운동

    길진형은 1913년 10월 말부터는 캘리포니아주 남서부에 있는 클레어
몬트(Claremont)에서 지내면서 공부와 대한인국민회 활동을 병행했다.
대한인국민회는 미국과 멕시코, 하와이 지역의 독립운동 단체들이 연
합하여 설립했다. 안창호(安昌浩), 송석준(宋錫峻), 임준기(林俊基), 이강(李
剛), 임치정(林致淀), 방화중(邦化重) 등이 1905년 4월에 샌프란시스코에서
설립한 공립협회(共立協會)와 1907년 9월에 조직된 하와이의 한인합성협
회(韓人合成協會)가 통합하여 1909년 2월 1일에 국민회를 조직했고, 1910
년 2월 10일에 대동보국회(大同保國會)가 참여하면서 그해 5월 10일에 대
한인국민회로 이름을 바꿨다. 중앙총회는 1911년 3월에 샌프란시스코
에서 조직되었고, 미국과 멕시코, 하와이와 만주, 시베리아 지역에 지방
총회가 구성되었다.[134]

....

134) 김도훈, "1910年 前後 美洲地域 共立協會·大韓人國民會의 民族運動 研究"(국민대학교 대학원
    박사학위논문, 2002), 33-34, 42-43, 111-112, 117-118, 234-236.

대한인국민회 북미총회(1911년) ⓒ 독립기념관 한국독립운동정보시스템.

길진형은 샌프란시스코 남쪽의 산호세(San Jose)에 있는 퍼시픽대학교 (University of the Pacific)에 입학하여 공부하다가 1915년 6월경에 그만둔 것으로 추정된다. 그는 정인과(鄭仁果)와 함께 1914년 봄학기에 입학한 것으로 보이는데, 정인과는 1888년 11월 25일에 평안남도 순천군(順川郡) 은산면(殷山面) 추평리(楸平里)에서 태어났으므로 길진형보다 세 살 많 았지만 두 사람은 평양 숭실중학교(제4회)와 숭실대학(제3회)을 같이 다 닌 후 졸업한 동기였다.[135] 정인과는 조동현, 윤지한, 이찬수, 이범령, 김

----

135) 숭실대학교 한국기독교박물관 편, 『평양숭실대학 역사 자료집 VI: 숭실교우회 회원명부』, 126, 137.

열 등과 함께 1913년 7월 9일에 샌프란시스코에 도착하여,[136] 10월 10일경에 대한인국민회 새크라멘토(Sacramento) 지방회에서 회원으로 가입했으며, 10월 13일에는 흥사단의 33번째 단우로 가입했다.[137]

길진형이 퍼시픽대학교를 그만둔 것은 건강이 악화되었기 때문이었다. 1915년 6월 24일 자 「신한민보」 기사에 의하면 그는 여름 방학 기간에 클레어몬트에서 동쪽으로 6마일 거리에 있는 업랜드(Upland)에 가서 지내는 중에 "우연히 신병을 얻어 거동이 임의롭지 못한 고로, 산 안토니오 병원에 들어가 치료"를 받았다.[138] 그는 건강을 회복한 후에도 공부를 계속하지 않은 것으로 보인다. 1917년 2월 22일과 11월 23일 자 「신한민보」에 게재된 "한인 학생 일람표"에 그의 이름이 없는 것으로 봐서,[139] 그는 퍼시픽대학교를 완전히 그만둔 것으로 파악된다.

136) "상항 한인 유학생 조사 보고," 「신한민보」 1913년 10월 24일.

137) "삭도 지방 회보," 「신한민보」 1913년 10월 10일; "제33단우 정인과 이력서," 독립기념관 한국독립운동정보시스템 독립운동가 자료 안창호(https://search.i815.or.kr/contents/independence Fig hter/list.do?middleCategory=안창호), 2024년 11월 11일 접속.

138) "길씨 입원," 「신한민보」 1915년 6월 24일.

139) "한인 학생 일람표," 「신한민보」 1916년 2월 22일; "한인 학생 일람표," 「신한민보」 1916년 11월 23일.

퍼시픽대학교 재학 당시의 길진형(왼쪽)과 정인과
ⓒ 독립기념관 한국독립운동정보시스템

학교를 그만둔 길진형은 1916년부터 대한인국민회 클레어몬트지방회 활동에 전념했다. 당시 클레어몬트지방회는 회원들이 다른 지역으로 떠나는 상황으로 인해 회원 수가 급감하는 위기에 직면해 있었다. 1915년 이후에는 지방회 상황이 더욱 악화되어 통상회나 특별회에 참석하는 회원 수가 10명 아래로 떨어졌고, 일반 회원 가운데 회장을 맡을 사람이 없어서 클레어몬트 학생양성소 출신 유학생들이 회장과 임원을 맡게 되었다. 1915년에는 곽림대가 회장을 맡았고, 1916년에는 임초와 길진형이 번갈아 회장을 맡았다.[140]

클레어몬트 학생양성소 교사(校舍) ⓒ 독립기념관 한국독립운동정보시스템

---

140) 장규식, "대한인국민회 업랜드·클레어몬트지방회 사례를 통해 본 1910년대 북미 한인사회의 내면," 「한국근현대사연구」 제58집(2011. 가을), 46-47.

클레어몬트 학생양성소는 1908년 8월에 당시 공립협회 회원인 방화중, 이순기, 강영대, 임정구, 박춘식, 정원현, 조제근, 임두화, 한기갑, 서예순 등 10명에 의해 설립되었는데, 초등학교 과정과 중학교 과정을 두었으며 여름학기와 가을학기 2차례 개학했다. 1911년 2월에 목조로 된 2층 교사(校舍)를 완공했고, 1913년 이후부터 대한인국민회 북미 지역 총회가 학교를 직접 관리 감독했다.[141]

클레어몬트 학생양성소 출신 유학생들은 정등엽, 임정구, 김창률, 김관유, 정원현, 이원석, 오관선, 한기갑(한상호), 임성기, 양현서, 곽림대, 임초, 길진형, 이두성, 차의석, 강응두, 신현모, 이용선, 허진업 등이었는데, 이들은 1911년 이후로 클레어몬트지방회 임원의 40-50%를 차지했으며, 특히 학무원(學務員)은 이들이 거의 전담했다.[142]

길진형은 1916년 2월에 회장으로 선출되었다가 중간에 사임한 임초를 대신하여 1916년 10월까지 클레어몬트 지방회 회장을 맡았다.[143] 또한 같은 해 4월 6일과 5월 4일 자 「신한민보」에 "민족 개량론"이라는 글을 게재하여 민중 개량의 정의, 유래, 목적 등을 소개하고 구체적인 사

---

141) 이명화, "클래어몬트 한인학생양성소 운영과 국어교육," 「한국독립운동사연구」 제25집(2005), 79, 81, 86, 88. 클래어몬트 학생양성소 교사를 클럽 하우스(Club House)라고 불렀다.

142) 장규식, "대한인국민회 업랜드·클레몬트지방회 사례를 통해 본 1910년대 북미 한인사회의 내면," 50.

143) "회보-클래몬트 지방회," 「신한민보」 1916년 2월 8일; "양성소 개학 통고," 「신한민보」 1916년 8월 24일; "양성소 개학 통고," 「신한민보」 1916년 10월 5일; "회보-클래몬트 지방회," 「신한민보」 1916년 11월 2일.

례로 음주의 폐해를 지적하기도 했다.[144] 회장에서 물러난 후에는 법무원(法務員)으로 활동했으며, 1917년 5월에는 학무원이 되었고, 8월 13일에는 북미총회에서 클레어몬트 학생양성소의 감독으로 선임되었다.[145]

클레어몬트 학생양성소 교사진과 안창호(앞줄 왼쪽부터 김하경, 윤필권, 오임하, 가운데 줄 왼쪽부터 길진형, 곽림대(곽태종), 임초, 뒷줄 왼쪽부터 정명원, 이대위, 안창호, 1917년경) ⓒ 독립기념관 한국독립운동정보시스템.

144) "민족 개량론," 「신한민보」 1916년 4월 6일; "민족 개량론," 「신한민보」 1916년 5월 4일.

145) "회보-클래몬트 지방회," 「신한민보」 1917년 5월 17일; "북미총회보," "양성소 감독 서임장," 「신한민보」 1917년 8월 16일.

또한 길진형은 숭실학교 중학부 교사로 음악을 가르치던 실력을 발휘하여 이성식(李聖植), 임성기(林成基) 등과 함께 클레어몬트 학생양성소의 학생들에게 음악을 가르쳤다. 학생양성소에는 1914년에 조직된 한인 학생 악단(Band)이 있어서 과외로 음악 활동을 했는데, 악단장 이원석과 강영각, 장지몽 등이 악단을 이끌었으며 미국인 하킨스(Miss. C. Hakins)가 매주 두 차례 음악을 지도했다.[146] 길진형과 이성식, 임성기는 이 악단과는 별도로 음악 과목을 가르친 것으로 보인다.

클레어몬트 학생양성소 악단(1916년, 중앙에 있는 사람이 강영각)
ⓒ 독립기념관 한국독립운동정보시스템.

---

146) 이명화, "클레어몬트 한인학생양성소 운영과 국어교육," 94.

클레어몬트 학생양성소 음악 교사
(왼쪽부터 이성식, 임성기, 길진형)
ⓒ 독립기념관 한국독립운동정보시스템

길진형과 곽림대
ⓒ 독립기념관 한국독립운동정보시스템

길진형의 생애와 독립운동

길진형이 심혈을 기울인 일 중 하나는 클레어몬트 지방회 유년하기국어강습소(幼年夏期國語講習所)를 설립하여 운영하는 일이었다. 그는 1916년 4월에 곽림대, 민찬호, 임초와 함께 유년하기국어강습소의 밀기인이 되어 그해 4월 27일 자로 "유년하기강습소에 대하여 권고"하는 글을 발표했다.[147] 이 글에서는 "부모 되시는 형제자매들이여. 깊이 생각할지어다. 내지에 있는 유년들은 일인의 압제로 부득이하여 일어를 배우고 미주에 있는 유년들은 가르치지 아니하므로 영어를 배우나니 후일의 신대한은 영어와 일어가 국어가 되겠는가"라고 하면서, 클레어몬트 학생양성소 건물에서 여름 3개월 동안 국어강습소를 운영하려는 계획을 밝히고, 10개 조항의 구체적인 운영 방법을 다음과 같이 제시했다.

1. 감독 교사를 두어 강습소에 관한 여러 가지 일과 가르치는 데 관한 모든 일을 주관함.
2. 간호원을 두어 식사 등과 일반 학생을 간호하는 일을 주관함.
3. 매일 회집 시간을 정하여 조국에 관한 역사담과 도덕상에 관한 교훈을 강연함.
4. 일반 학생에게 흥미적 유희를 시켜 마음을 쾌활케 하며 체육을 장려함.
5. 일반 학생에게 위생을 특별히 주의하여 정결한 습관성을 길러 줌.
6. 1개월에 두 번씩 들밖에 산보를 시키며 혹 산에 오르게 하여 그 천성의 유쾌한 마음을 감발케 함.

---

147) "유년하기강습소에 대하여 권고," 「신한민보」 1916년 5월 11일.

7. 공부하는 두 달 동안은 원근을 물론하고 그 집의 간섭을 일체 금절함.

8. 남녀 7세 이상을 다 받음.

9. 일반 학생의 수업증서와 그 성적은 학기 말에 각 부모에게 보고하고 또 북미총회 기관보에 게재하여 일반 동포에게 공포함.

10. 과정은 본국 역사, 지지, 국어, 국문, 창가, 유희.

이 밖에 세칙은 강습소가 성립된 다음에 반포함.[148]

　

　

입학생의 나이는 6-7세 이상으로 정했으며, 숙식비로 매월 6원을 납부하고, 필기구는 강습소에서 제공하기로 했다.[149] 이렇게 설립된 유년하기국어강습소는 1916년 7월 1일에 개학하여 3일부터 수업을 진행했는데, 캘리포니아주에서 30여 명의 학생이 지원하였으며 그중 남학생 4명과 여학생 6명, 전체 10명이 첫 입학생이 되었다.[150] 8월 26일에 열린 제1회 졸업식은 학생들의 향학열을 권장하기 위해서 우등생에게 상품을 수여하는 등 큰 성황을 이룬 가운데 진행되었다. 우등생으로 선정된 학생은 특별반 임보패, 제1반 안필립, 제2반 임베드로, 제3반 이세지 등 4명이었다.[151]

---

148) 위의 글.

149) "강습소 광고," 「신한민보」 1916년 6월 29일.

150) "강습소 개학," 「신한민보」 1916년 7월 13일.

151) "유년하기강습소의 성적 우등생 4인," 「신한민보」 1916년 9월 8일.

1916년 강습소를 설립할 당시 교사로는 곽림대와 민찬호의 부인 몰리(Molly Min)가 맡았으며,[152] 1917년 이후에는 길진형과 장리욱, 강영승, 임초 등이 교사를 맡았다.[153] 길진형은 강습소의 학무로 제반 업무를 총괄했는데, 1917년 6월 1일에 그의 명의로 학부형에게 보낸 통지서에서는, 강습소의 운영 목적이 해외동포의 자녀들에게 우리말의 중요성을 인식시키고, 한글을 깨우쳐 주기 위함이라는 것과 강습소 운영에 대한 주의 사항을 알리고 있다. 주의 사항에 따르면 교육 기간은 7월 1일부터 8월 30일까지이며, 1인당 한 달에 식비 7원과 월사금 1원을 받았고, 학생들은 2개월간 입을 의복을 지참하도록 했다.[154]

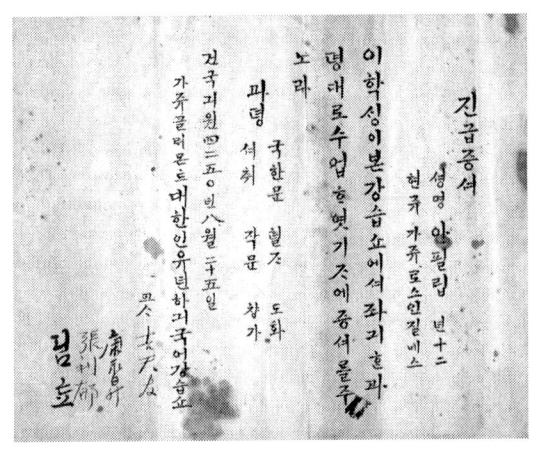

안창호의 아들 필립의 진급증서(1917년)
ⓒ 독립기념관 한국독립운동정보시스템

---

152) "강습소 광고," 「신한민보」 1916년 6월 29일.

153) "여름에 열렸던 유년국어강습소는 가을바람에 닫힘," 「신한민보」 1917년 9월 6일.

154) "학부형에게 대한 통지서,"(1917년 6월). 독립기념관 한국독립운동정보시스템 소장자료(https://sea rch.i815.or.kr/sojang/read.do?isTotalSearch=Y&doc=&adminId=1-A00005-030), 2024년 11월 13일 접속.

강습소 학무 길진형이 학부형에게 보낸 통지서(1917년)
ⓒ 독립기념관 한국독립운동정보시스템

4장

⋮

생애가 끝나도
뜻은 남는다

1.
쓸쓸한 귀국과 마지막

길진형은 클레어몬트 지방회와 학생양성소, 유년하기국어강습소를 위해 헌신적으로 활동했지만, 그로 인해 건강은 악화되었다. 그는 105인 사건으로 구속되었을 때 고문을 당한 후유증으로부터 완쾌된 것이 아니었다. 1914년 1월과 1915년 6월에 두 차례나 입원하여, 치료를 받은 적이 있었다. 1915년 6월 24일 자 「신한민보」는 그의 입원 소식을 이렇게 전했다.

> 싼호셰 피시팩 대학교에서 공부하든 길원 씨는 하긔 방학을 인하야 가쥬 남방 업풀런드에 가셔 녀름을 지날 쥬의로 그곳에 간 후에 우연히 신병을 엇어 긔동이 임의롭지 못한 고로 지금 센 안토니오 병원에 드러가 치료하는 즁이라더라.[155]

결국 길진형은 귀국을 결심하고 1917년 9월 21일에 대한인국민회 북

----

155) "길 씨 입원," 「신한민보」 1915년 6월 24일.

미총회에 클레어몬트 학생양성소 감독직 사임서를 제출했으며,[156] 10월 11일에 샌프란시스코에서 차이나호(S.S. China)를 타고 귀국길에 올랐다.[157] 그는 일본을 거쳐 서울에 도착하여 세브란스병원에 입원했다가 다시 퇴원한 후 가족이 있는 평양으로 갔다. 당시 「기독신보」에는 그의 쾌유를 위하여 기도를 부탁하는 기사가 다음과 같이 게재되었다.

씨는 평양 길선주 목사의 장남인데 년 전에 해외에 갔다가 신병의 위중함을 인하여 돌아와서 경성 세브란스병원에 입원하여 당분간 치료하여 보려다가 본집으로 돌아갔사오니 하나님께서 들으시기까지 위하여 간구하여 주시오, 아무쪼록.[158]

하지만 그의 병은 호전되지 않았고 결국 같은 해 11월 23일에 세상을 떠났다.[159] 길선주의 민적 등본에는 길진형이 다이쇼(大正) 6년, 즉 1917년 11월 23일 평양부 관후리(館後里) 63번지에서 사망했다고 기록되어 있다.[160]

---

156) "북미총회보," 「신한민보」 1917년 10월 4일.

157) "길천우 씨의 귀국," 「신한민보」 1917년 10월 18일.

158) "길진형 씨를 위하여," 「기독신보」 1917년 11월 28일.

159) "길 씨 안면," 「기독신보」 1917년 12월 5일. 「신한민보」는 길진형이 1917년 11월 23일에 평양 집에 도착한 후 11월 25일에 세상을 떠난 것으로 보도했는데, 국내 신문인 「기독신보」의 기사가 더 정확한 것으로 생각된다. "길원 씨 장서의 전문," 「신한민보」 1917년 12월 20일; "길천우 씨의 장서 확보," 「신한민보」 1918년 1월 3일.

160) 「吉善宙 民籍謄本」, 국사편찬위원회 전자 사료관(http://archive.history.go.kr/record/catalog/ catalogView.do), 2024년 11월 11일 접속.

길진형이 1913년 9월 말부터 1917년 10월 초까지 미국에서 활동한 기간은 4년 정도였지만, 그가 대한인국민회 클레어몬트 지방회와 학생 양성소, 유년하기국어강습소를 통하여 교육 활동을 전개한 것은, 소중하게 기억해야 할 해외 독립운동사의 한 장(章)이라고 생각한다.

길선주는 아들을 잃은 비통한 심정을 "마음이 노니는 딴 세계"라는 시에 이렇게 담았다.

> 산을 등지고 흐르는 냇가에 이르니 누각은 높았고
> 아름다운 경치는 사철 흥을 거두지 않는구나.
> 학은 희고 소나무는 푸르니 산봉우리는 늙고 젊었고
> 소는 누르고 풀은 푸르니 들은 봄과 가을일세.
> 서로 친하고 가까우니 천년 사슴이요
> 날아가고 날아오니 한 때 갈매기일세.
> 만사가 마음에 없고 성경 두 권이 있으니
> 내 이밖에 더 무엇을 구하랴.[161]

그는 아들을 먼저 보낸 슬픔과 허무함을 '성경 두 권(신구약 성경)'을 의지하면서 달랬다. 아들의 죽음은 가족의 비극이었지만, 한편으로는 나라를 잃은 민족이 겪는 수난과 아픔이기도 했다. 국권 회복을 위하여 뜻있는 일을 하는 사람들이 일제에 의해서 압제당하고 목숨을 잃는 일이 계속해서 일어나고 있었다. 김인서는 "선생의 피를 잇고 선생의 정신

---

161) 길진경, 『길선주』, 192.

을 몸 받은 선생의 장자 진형 군도 청년 유위(有爲)의 사(士)로 조선 때문에 마침내 105인 옥사로 인하여 조세(早世)한 것"이라고 말하면서 길진형의 민족의식이 아버지 길선주와 불가분의 관계가 있다고 평가했다.[162]

162) 김인서, "영계 선생 소전(중)," 「신학지남」 통권61호(1932.1), 43.

2.
아버지와 동생이
독립의 뜻을 잇다 [163]

길진형이 세상을 떠나고 1년 4개월이 지난 후 3·1운동이 일어났다. 만약 그가 살아있었다면, 클레어몬트에 있든지 평양에 있든지 상관없이 3·1운동에 참여했을 것이다. 그 일을 아버지와 동생이 대신했다. 아버지 길선주는 3·1운동 민족 대표 33명 중 한 명으로 참여했고, 동생 길진경은 평양에서 만세 시위를 주도하고 등사판 「독립신문」을 제작하여 배포했다.

길선주는 1919년 2월 10일경에 산정현교회 담임목사인 강규찬(姜奎燦)의 소개로 중국 상하이에서 건너온 선우혁(鮮于爀)을 만났다. 선우혁은 길진형과 함께 신성중학교 교사로 재직 중 105인 사건으로 체포되어

---

163) 이 부분의 내용은 필자의 다음 논저에 소개되었지만, 본서를 집필하면서 내용을 수정하여 첨부했음을 밝힌다. 김일환, "길선주 목사와 아들 길진형, 길진경의 독립운동 연구: 삼부자(三父子)의 독립운동," 「시민문화 춘추」 제37호(2024.4), 39-44, 58-66; 김일환, 『한국교회 부흥의 선구자 길선주』(서울: 한국교회총연합, 2024), 150-160.

옥고를 치렀다.[164] 그러므로 선우혁과 길선주도 잘 아는 사이였다. 두 사람은 조선의 독립에 관하여 대화를 나누었는데, 선우혁은 "우리 조선은 독립의 희망이 있다. 그것은 미국 대통령이 민족자결을 주장하늬 국제연맹회의가 조직되고 있어 인민들이 간절히 독립을 원하면 독립이 된다"는 것과 "인민 대표가 정부와 총독부에 독립 청원을 하면 독립을 허락할 것이며 타국에서도 이렇게 하여 독립하고 있으니, 조선에서도 될 수 있는 일"이라고 말했다.[165]

같은 해 2월 13일에는 숭덕학교 교사를 지낸 안세환이 길선주를 찾아와서 오랫동안 이야기를 나눴고, 다음날에는 길선주가 평양 기홀병원(紀笏病院)에 입원하고 있던 이승훈을 방문했다. 그때 이승훈은 조선도 독립의 희망이 있다고 하면서 "누구든지 인민의 대표자가 되어 연서로서 일본 정부와 조선 총독부에 독립의 청원을 하고, 일면 조선 독립 청원서를 발표하면 독립이 될 것"이라고 말했다. 길선주는 대표자가 누구인지 물었고, 이승훈은 서울에서는 천도교의 손병희, 최남선 등이 독

---

164) 선우혁(1883-?)은 평안북도 정주군 출신으로, 독립운동가 선우훈(鮮于燻, 1892-1961)의 형이자 상해 인성학교(仁成學校) 교사를 지낸 선우애(鮮于愛)의 오빠이다. 그는 1908년에 숭실중학교를 제5회로 졸업하고 그해에 신성중학교 교사로 부임해 수학과 기하학을 가르쳤다. 105인 사건 후 1916년에 상해로 망명하여 독립운동에 투신했으며, 1918년에 신한청년당 창당에 참여했고, 1919년 2월에 3·1운동을 위해 국내로 건너와 활동했다. 이후 대한민국임시정부, 홍사단, 한국국민당, 한국독립당 등을 중심으로 독립운동을 전개했다. 대한민국 정부는 그의 공훈을 기려 1962년에 건국훈장 독립장을 추서했다. 백낙준, "창립 배경과 초기 약사," 신성학교 동창회 편, 『신성학교사』, 7; 숭실대학교 한국기독교박물관 편, 『평양숭실대학 역사 자료집 VI: 숭실교우회 회원명부』, 104, 126; 독립유공자공훈록 편찬위원회 편, 『독립유공자공훈록 제5권』, 45-79; 윤경로, 『105인 사건과 신민회 연구(개정증보판)』, 363-369.

165) "길선주 선생 취조서(1919년 7월 18일)," 이병헌, 『삼일운동비사』(서울: 시사시보사출판부, 1959), 115.

립 선언을 계획하고 있으며 선천에서는 양전백과 자신이 서울로 갈 계획이라고 말했다. 길선주는 그 일에 찬성하지만, 몸이 아파서 자유롭지 못하기 때문에, 대신 도장을 이승훈에게 위임하여 독립선언서에 날인(捺印)하기로 했다. 길선주는 병원에서 돌아오는 길에 아들 길진경에게 도장을 새기게 하고 그것을 2월 18일에 서울로 가는 안세환에게 전달했다.[166]

길선주는 독립선언서에 날인은 했지만, 황해도 장연군에 있는 장연교회의 부흥회를 인도하는 일 때문에 3월 1일 태화관 모임에는 참석하지 못했다. 부흥회는 1918년 12월 중순에 미리 약속한 것이어서 취소할 수가 없었다. 그는 1919년 1월에도 한 달 동안 함경도 청진, 성진, 원산 지역의 부흥회를 인도했다.[167] 그는 1919년 2월 20일에 평양에서 출발하여 장연교회에 도착한 후에 21일부터 28일까지 부흥회를 인도했으며, 부흥회를 마친 후 사리원으로 가서 하룻밤을 지내고 3월 1일에 기차를 이용하여 오후 6시 서울에 도착했다. 그리고 곧바로 경무 총감부로 가서 자수했다.

길선주는 바로 체포, 구금되었으며 이후부터 1년 8개월간의 수감 생활이 시작되었다. 첫 번째 경찰 신문(訊問)은 1919년 3월 2일에 진행되었다. 2주 후인 3월 14일에는 경무 총감부의 가와무라 시즈나가(河村靜水) 검사가 그의 인적 사항, 훈·포상, 이전 신문에 관하여 확인을 한 후에 서대문 감옥으로 이송했으며, 3월 18일에도 서대문 감옥에서 다시 신

166) "길선주 선생 취조서(1919년 4월 26일)," 위의 책, 112-113.

167) 길선주, "함북 여행기," 「기독신보」 1919년 3월 5일.

문했다. 그 후 4월 26일에 경성지방법원 예심과에서 예심을 받았으며 7월 18일에도 예심을 받았다. 그리고 8월 6일에는 고등법원으로 송치되어 예심을 받았다.[168]

1919년 7월 18일 자 경성지방법원 예심 「쥐조서」에는 취조하는 판사의 질문에 길선주가 다음과 같이 답변한 것을 기록하고 있다.

문: 3월 1일을 기하여 평양에서도 조선 독립을 선언하고 만세를 부른 일이 있는가?

답: 나는 그러한 일은 알지 못하고 지금까지 종교만 믿으므로 정치의 일은 생각하지 않았으나 시세가 변하여 와서 민족자결이라고 하는 것을 제창하였다. 어리석은 생각으로 독립 청원을 하는 일에 찬성하여 명의를 내었으나 이렇게 되었으니, 독립은 세계에서 줄 것이라는 계획에 참가한 것은 잘못된 일이다.

(중략)

답: 그때 독립 청원한다는 것만 들은 것은 아니고, 정부 및 총독부에 독립 청원을 하고, 또 독립 선언을 한다는 것을 들었는데, 나는 독립 청원서에 연서하는 것을 승낙하였다.

168) 이병헌, 『삼일운동비사』, 109-122.

문: 독립 선언을 한다는 것에 대해서는 명의가 필요하지 않은 것으로
생각했던 것인가?

답: 그렇다.

문: 그러면 독립 선언을 한다는 것에 대해서도 찬성한 것이 아닌가?

답: 독립 선언을 한다는 말을 들었을 뿐으로 찬성이냐, 불찬성이냐 하
는 생각은 없었다.[169)]

이와 같은 취조서나 신문조서는 일제의 기록이므로 길선주의 발언이
왜곡되었을 가능성이 충분히 있다. 그가 '독립 청원론'을 주장했을 가능
성은 있지만, 3·1운동에 민족 대표로 참여한 것 자체를 잘못으로 인정
했을 가능성은 없어 보인다.[170)]

길선주를 포함한 47명에 대한 고등법원 공판은 1920년 7월 12일에 개
정했는데, 길선주 목사에 대한 공판은 7월 15일 오전에 정동 철도국 하층
특별법정에서 열렸다. 그는 이때 한일병합과 총독 정치에 별로 불만이 없
었느냐는 질문에 대답하면서 자유에 관한 생각을 이렇게 말했다.

그러나 사람에게는 호흡하는 것과 음식 먹는 것과 운동하는 것이

---

169) "길선주 선생 취조서(1919년 7월 18일)," 이병헌, 『삼일운동비사』, 120.

170) 허호익, 『길선주 목사의 목회와 신학사상』(서울: 대한기독교서회, 2009), 284-285; 한국기독교역
사연구소 편, 『3·1운동과 기독교 민족 대표 16인』(서울: 한국기독교역사연구소, 2019), 135.

사는 데 필요한 것과 똑같이 필요한 자유라는 것이 있어야 하겠소. 자유라는 것은 여러 가지가 있겠지만 그중에 교육의 자유, 언론의 자유, 집회 자유, 출판 사유, 네 가지는 극히 필요하여 이것은 인생이 행지좌와하는 자유가 긴요한 것이나 다름없는데, 일한합병 후 총독부의 시정을 보면 이러한 자유를 아주 꼭 막았습니다. 그러하니 이런 답답한 일이 어디 있소. 내가 일한합병 시에 제국신문 논설을 본즉 합병이 되면 일본 사람과 조선 사람과 똑같은 자유를 주고 똑같은 대우를 하여 주는 줄로 들었더니 급기야 합병된 후에는 아주 사람의 숨을 막고 운동을 못하게 하고 여러 가지로 압박을 하며 구속을 하는 까닭에 불평이 생겨서 기회만 있으면 개혁을 아니치 못하겠다는 생각을 하였으나 본래 나 혼자는 그러한 개혁을 행할 자격이 없는 줄도 알고 다만 한량없이 답답하게 지내었습니다.[171]

이런 대답은 실제 그의 생각보다 완화되었을 가능성이 높다. 이미 재판을 받는 상황이었으므로 여러 가지 심리적인 요인이 작용했을 가능성도 있다. 하지만, 이 답변 내용을 통해서도 그가 '자유'라는 주제를 사용하여 일제의 식민 통치를 비판하고, 조선을 위하여 한일병합을 단행했다는 일제의 주장이 거짓이라는 것을 분명하게 지적하고 있음을 알 수 있다.

171) "선언 동기의 진실한 고백," 「동아일보」, 1920년 7월 16일.

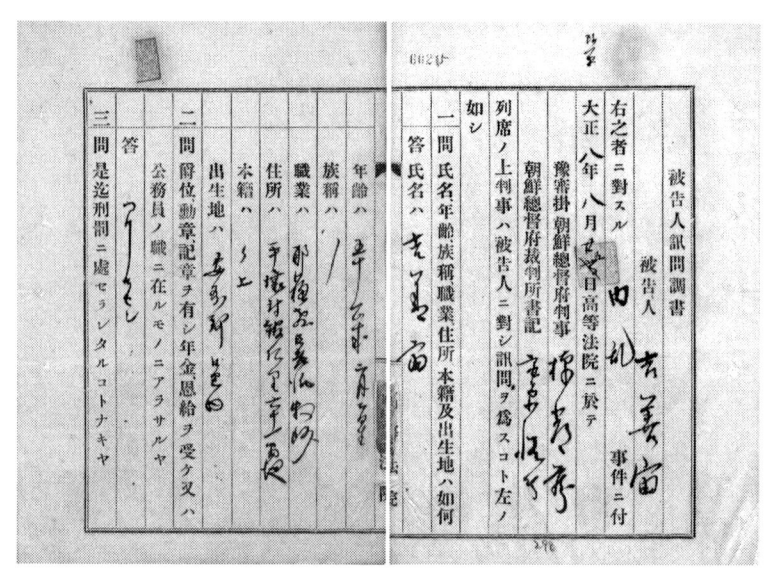

길선주 목사 고등법원 신문(訊問)조서(1919년 8월)
ⓒ 국사편찬위원회 한국사 데이터베이스.

길선주는 1920년 10월 30일에 경성복심법원 최종 판결에서 무죄를 선고받았다. 기소된 48명 중 대부분이 3년에서 1년 사이의 징역형을 선고받았고, 길선주, 박인호, 노헌용, 송진우, 현상윤, 성노식, 김도태, 임규, 안세환, 김지환, 김세환 등 11명은 무죄를 선고받았다.[172]

길선주는 체포된 지 1년 8개월 만에 석방되었지만, 독립선언서에 서명한 33명 중에 유일하게 무죄 선고를 받았으므로 독립운동에 소극적이었다는 오해와 비난을 받기도 했다. 이에 대하여 김인서는, 장대현교회의 담임목사로 기독교의 대표적 목회자인 길선주를 1년 8개월간 미결수로 수감한 후에 무죄 판결한 것은 일제가 그를 매장하려는 모략이며, 선교사들에게 선전 자료를 만들기 위한 것이라고 변호했다.[173]

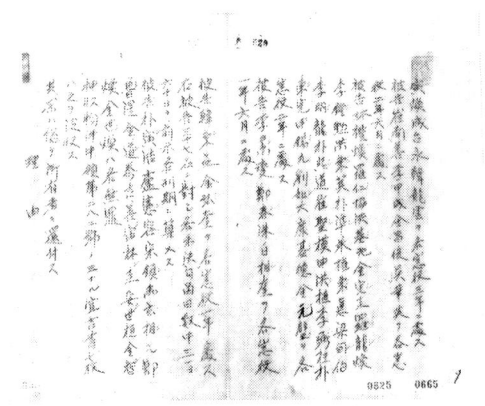

길선주 목사의 무죄 판결문 ⓒ 행정안전부 국가기록원

---

172) 「경성복심법원 판결문」(1920년 10월 30일).

173) 김인서, "삼일운동과 길선주," 『김인서 저작 전집 2』(서울: 신망애사, 1975), 389.

아울러 일제의 처벌 방식도 고려해 봐야 한다. 일제는 3·1운동으로 체포된 사람들에게 '동화'와 '차별'이라는 이중 방침을 적용했는데, 가능하면 완화된 형사법적인 절차와 증거법을 우선했다. 일제는 길선주가 표면상으로 과격한 시위를 전개하지 않았으며 직접 시위를 주도하지도 않았다는 점에 주목했다.[174] 따라서 3·1운동 민족 대표들과 시위자들에 대한 처벌은 보안법을 적용했고 일부 과격 시위를 제외하고는 평화적으로 전개되었기에 소요죄를 적용하여 처벌하는 데 어려움이 있었다.[175] 이런 기준으로 보면 일제가 길선주에게 특혜를 베풀어서 무죄판결을 내렸다고 볼 수는 없다.

길진경은 평양에서 만세 시위에 참여했다. 평양에서는 3월 1일 오후 1시에 감리교, 장로교, 천도교가 각각 고종 황제의 추도식을 진행했다. 장로교인들은 숭덕학교 운동장에 모여서 추도식을 진행했는데, 사복형사들이 참석자들을 감시했다. 이 행사에는 선교사 마펫도 참석했으며 전체 참석자가 1,000명이 넘었다. 추도식은 찬송가와 기도로 조의(弔意)를 표시한 후에 간단히 끝났지만, 순식간에 대형 태극기가 단상에 걸리고, 도인권(都寅權)이 단상으로 올라와 독립 선언식 개회를 선포했다. 독립 선언식은 김선두(金善斗)의 사회로 독립선언서 낭독, 연설, 독립 만세

---

174) 안수강, "길선주(吉善宙) 목사의 민족애와 현재적 함의 고찰: 그의 '韓民族言約史觀'을 중심으로," 「역사신학논총」 제36권(2020), 164-165.

175) 송시섭, "3·1운동 참가자들에 대한 판결의 사법적 의미 길선주에 대한 무죄 판결을 중심으로," 「법학연구」 제30권 1호(2019), 298-299.

선창과 제창 순서로 진행되었다. 경찰은 즉시 군중들을 해산시키려고 했지만, 오히려 군중들은 학교 밖으로 나가 평양 시내로 진출하여 만세 시위를 했다.[176]

평양의 만세 시위는 3월 9일까지 매일 일어났으며 학교와 상점도 문을 달았다. 경찰은 3월 2일 오후부터 주동자와 참여자를 체포하기 시작하여 3월 8일까지 400여 명을 체포했으며, 그중 48명을 기소했다.[177] 이 일로 강규찬, 김선두, 정일선, 박석훈, 김찬성, 홍기황, 박치록, 윤원삼, 황찬영, 박인관, 김찬응, 주기원, 길진경, 김화식 등이 수감 생활을 했다.

길진경은 숭덕학교 운동장에서 열린 독립 선언식에 참석하고 만세 시위에 동참한 일 외에도 「독립신문」을 등사하여 배포하는 일도 했다. 1919년 3월 30일 자 「매일신보」는 다음과 같은 기사를 게재했다.

평양 관후리 二四八번지 대학생 이태서(李泰瑞) 평양 남산정 二七번지 주요섭(朱耀燮) 평양 숭실학교 졸업생 길진경(吉鎭京) 평양 하수구리 六번지 유학생 김동인(金東仁) 김동평(金東平)은 금번 독립선언에 대하여 일본인은 야만 행위를 한다 하고 또 북경에서 내는 영자신문의 말이라 하는 것을 게재하고 또 평양 상인에 대하여 폐점하기를 권하였고 또 제일의 국기를 달지 말라고 권유한 비밀 인쇄물 독립신문이라는

---

176) 한국사연구회 3·1운동 100주년 기획위원회 편, 『3·1운동 100년 2: 사건과 목격자들』(서울: 휴머니스트, 2019), 108.

177) 위의 책, 110-112.

것을 분포하였으므로 일일이 경찰의 손에 검거되었더라.[178]

　기사에 따르면 체포된 이태서, 주요섭, 길진경, 김동인, 김동평 등이
일본인의 야만 행위를 비판하고, 독립신문을 배포했는데, 신문에는 북
경에서 발행하는 영어신문의 내용, 상점 철시(撤市), 일장기 게양 거부
등의 내용을 게재한 것을 알 수 있다. 기사에서 언급한 「독립신문」은
평양 숭실학교 졸업생과 재학생이 중심이 되어 1919년 3월 15일경에 창
간하여 26일에 제6호까지 발행한 등사판 신문을 말한다. 이 신문 제작
에는 숭실학교 중학부 졸업생 길진경, 이인선(李仁善)과 대학부 졸업생
이보식(李輔植), 3학년 김태술(金泰述), 2학년 이겸호(李謙浩) 등이 참여했
다. 길진경과 이인선은 중학부 15회(1919년) 졸업 동기였다.[179] 이보식은
1915년에 중학부를 11회로 졸업하고 대학부에 입학하여 1919년에 10회
로 졸업했으며, 김태술은 대구 계성학교(啟聖學校)를 졸업하고, 1917년에
숭실학교 대학부에 입학하여 당시 3학년에 재학 중이었고, 이겸호는
1917년에 중학부를 13회로 졸업하고 당시 대학부 2학년에 재학 중이었
다.[180]

　이들이 발행한 「독립신문」은 현재까지 제1호(「독립신문」)와 제5호(「독닙
신보」), 제6호(「독닙신보」)가 확인되었다. 1919년 3월 15일경에 순한글 1면

----

178) "학생 5명 검거 평양 경찰서에서," 「매일신보」 1919년 3월 30일. 필자가 일부 용어를 현대어로
　　고쳤다.

179) 숭실대학교 한국기독교박물관 편, 『평양숭실대학 역사 자료집 VI: 숭실교우회 회원명부』, 129.

180) 위의 책, 51, 74, 128. 김태술은 1921년에 대학부를 12회로 졸업했고, 이겸호는 1923년에 대학
　　부를 14회로 졸업했다. 위의 책, 138.

으로 발행한 제1호는,[181] 당시 평양 외국인학교에 재학 중이던, 선교사 웰본(Arthur G. Welbon, 오월번[吳越璠])의 아들 헨리 웰본(Henry G. Welbon)이 학교 근처 언덕에서 주워 보관한 것으로, 2019년 3월 8일에 한국기독교100주년기념교회 부설 양화진문화원이 후손으로부터 기증받아 공개했다.[182]

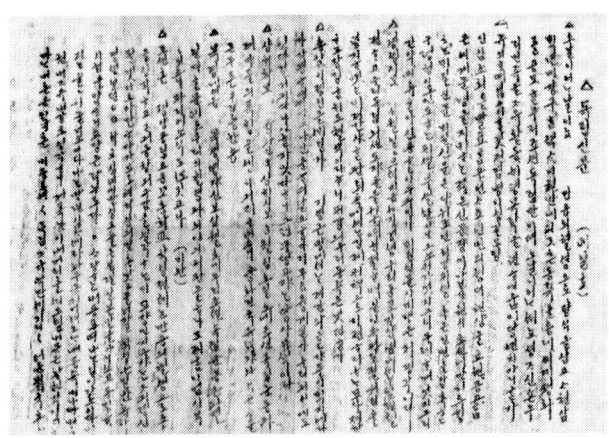

「독립신문」 제1호 ⓒ 「국민일보」 2021년 4월 14일

---

181) 1919년 10월 4일에 평양고등법원이 이보식, 이겸호, 김태술에게 선고한 판결문에는 3월 15일에 경고문 2-3매의 원고를 저작했다는 문구가 있고 이에 대하여 출판 및 보안법 위반을 적용했다고 적었다. 이것은 그들이 발행한 「독립신문」에 대한 유죄 판결 조항이므로 「독립신문」 제1호 발행일을 3월 15일로 볼 수 있다. 「이보식 외 2인 판결서」(1919년 10월 4일). 국가기록원 기록물 뷰어(https://the me.archives.go.kr/viewer/common/archWebViewer.do?archiveEventId=0034983064), 2024년 11월 18일 접속.

182) 서윤경, "독립신문 유인물(평양) 서울시 등록문화재로," 「국민일보」 2021년 4월 14일(https://www.kmib.co.kr/article/view.asp?arcid=0924187099), 2024년 11월 18일 접속.

「독립신문」 제1호의 기사는 이렇게 시작하고 있다.

오늘이 어느 날이뇨. 만공의 혈성으로 양식을 삼고, 사천삼백 년의
장구한 역사, 이천만의 피로 한 동족을 통해 세계 평화를 공모한 우리
조선 독립단이여, 오늘이 어느 때뇨 성자 신손 우리 민족을 자유 활동,
화평 복락을 전하여 줌이 당연치 아니한가.[183]

이 신문에서는 「매일신보」와 「경성시보」 등 총독부와 일본인이 발행
하는 신문 기사를 비판하고, 「상해시보」와 베이징의 영어신문을 인용하
여 3·1 운동에 대한 외국의 반응을 알려주고, 평양과 서울의 독립운동
(학교의 동맹 휴교, 상점들의 휴업) 소식을 전하고 있다.

1919년 3월 25일에 발행한 제5호는 「독닙신보」로 이름을 바꿔서 발
행했으며, 제6호는 다음 날에 발행했다. 각각 2면으로 된 5호와 6호는
옥성득 교수가 프린스턴신학교 도서관 마펫 컬렉션(Moffett Collection)에
서 발견하여 공개했다.[184] 제6호에 실린 내용 중에는 민족 자결론이나
만세운동에 동조하여 가게 문을 닫는 철전(撤廛)을 요구하는 기사도 있
었다.

민족자결론: 반성하라 일본 당국자들이여, 강포와 전쟁의 시대가 가
고 민족자결 독립과 정의인도의 평화의 시대가 왔다. 시대 정신에 반

---

183) 「독립신문」(평양) 제1호(1919년 3월 20일).

184) 옥성득, "1919년 3월, 평양의 3·1독립운동과 「독닙신보」," 「기독교사상」 통권733호(2020.1), 143-
144.

하는 일제 당국자는 반성하라. 유대국, 아일랜드, 인도, 베트남은 독립해도 일본과 조선은 분류할 수 없다는 편협한 일본인은 반성하라.

절전하지 아니한 상인들에게: 영업보다 자주독립이 중요하다 …평양 종로에 있는 작은 서점이 아직 천시하지 않았는데 본회가 제조한 폭탄을 맛볼 것이다. 독립하기를 원하면서 상점을 열어 더불어 즐기는 자는 같은 앙화를 받을 것이다.[185]

길진경을 비롯한 5명이 「독립신문」을 제작하는 일에 도움을 준 선교사는 마펫과 모우리(Eli M. Mowry, 모의리[牟義理])였다. 마펫은 신문을 등사하도록 자신의 서재를 빌려주었고 모우리는 학생들을 숨겨주었다. 경찰은 1919년 4월 4일에 마펫과 모우리, 베어드 등 8명의 선교사 사택을 수색하고 11명의 학생을 체포했으며, 마펫과 모우리도 체포했다.

1919년 4월 12일 자 「매일신보」는 그동안의 경과를 자세히 보도했다. 선교사 사택에 있다가 체포된 한국인은 이인선, 김태술, 이겸호를 비롯하여 홍인엽(洪仁燁, 숭실중학교 학생), 김정상(金鼎相, 경성의학전문학교 학생), 오능조(吳能祚, 중화군 해압면장), 박기복(朴基福, 숭실중학교 학생), 김영순(金永淳, 숭실중학교 교사), 박형룡(朴亨龍, 숭실대학 학생), 김태훈(金泰勳, 숭의여자중학교 교사), 오봉순(吳鳳順, 숭의여자중학교 고용인) 등이었다. 이보식은 수색 과정에서 도망쳤다가 후에 체포되었으며, 길진경은 이미 3월 말에 체포된 상태였다. 마펫과 관련하여 압수한 증거물은 숭의여자중학교 기숙사에서 발견한 등사판 1대, 마펫 부인의 집(서재 겸 도서관)에서 발견한 휴교 선언

185) 위의 논문, 146-147.

서 여러 통, 등사판 2대, 서울에서 발행한 「독립신문」 1통, 정주에서 마펫에게 보낸 소요 사건 정보 1통 등이었다. 체포된 모우리는 범인 은닉죄로 평양 형무소에 구류되었고, 마펫은 부인의 집 열쇠를 한국인이 가지고 있었다는 사실에 근거하여 4월 5일 아침에 석방되었다.[186]

모우리는 1919년 4월 15일에 평양지방법원에서 재판을 받았으며,[187] 19일에 징역 6개월을 선고받고 그날 보석으로 석방되었다.[188] 그는 석방된 후에 무죄를 주장하며 항소했는데, 5월 17일 평양복심법원에서 징역 4개월에 집행유예 2년을 선고받았다. 다시 상고하여 8월 18일 고등법원에서는 전 판결을 파기하고 경성복심법원에 이송한다는 판결을 받았으며, 10월 29일 경성복심법원에서 벌금 100원을 선고받았다. 이를 다시 상고하였으나 12월 4일 고등법원에서 상고 기각 판결을 받아 형이 확정되었다.[189]

체포된 길진경, 이인선, 이보식, 김태술, 이겸호 등 5명도 3월 1일 만세 시위에 참여한 것과 「독립신문」을 발행한 죄목으로 기소되었다. 길진경과 이인선은 20세 미만이었으므로 평양 형무소 유년감(幼年監)에 수

---

186) "미국 선교사 가택 수색을 당함," 「매일신보」 1919년 4월 12일.

187) 마펫, "한국의 평양지방법원에서 열린 모우리 목사 재판에 관한 보고서," 독립기념관 한국독립운동정보시스템(https://search.i815.or.kr/contents/missionary/detail.do?isTotalSearch=Y&missionaryId=007630-02-0025&sortNo=7), 2024년 11월 19일 접속.

188) "선교사 「모-리」의 공판," 「매일신보」 1919년 4월 21일.

189) 대한민국 정부는 1950년에 모우리에게 건국훈장 독립장을 수여했다. 국가보훈처 편, 『독립유공자 공훈록 제24권』(세종: 국가보훈처, 2019), 1083-1084.

감된 것으로 보인다.[190] 그런데 5명 중 길진경과 이인선은 재판 과정에서 어느 정도의 형량을 선고받았는지 알 수 없다. 현재 길진경과 이인선에 대한 재판 기록은 찾을 수 없다.

김태술과 이겸호는 1919년 7월 21일 평양복심법원에서 '보안법(保安法) 및 출판법 위반'으로 징역 1년 6개월을, 이보식은 징역 1년을 선고받았다. 세 사람은 상고했지만 1919년 10월 4일 고등법원에서 상고를 기각당하고 형이 확정되어 옥고를 치렀다.[191]

길진경은 자신의 저서『영계 길선주』에서 체포 후 경찰에게 심한 고문을 받은 것과 심문 과정, 징역 1년 6개월을 선고받고 복역했다고 기록했지만,[192] 복역 기간을 잘못 기억한 것으로 보인다. 1920년 2월 4일자「기독신보」기사에서는 길진경의 석방 소식을 다음과 같이 전하고 있다.

---

190) 독립운동사편찬위원회 편,『독립운동사 제2권: 3·1운동사(상)』(서울: 고려서림, 1983), 373-374.

191) 「이보식 외 2인 판결서」(1919년 10월 4일). 국가기록원 기록물 뷰어(https://theme.archives. go.kr/viewer/common/archWebViewer.do?archiveEventId-0034983064), 2024년 11월 18일. 대한민국 정부는 2017년에 김태술에게, 2018년에는 이겸호에게 각각 건국훈장 애족장을 추서했는데, 이보식만 추서 대상에서 제외된 이유는 알 수 없다. 국가보훈처 편,『독립유공자 공훈록 제24권』, 223, 578.

192) 길진경,『길선주』, 204-209.

독립 ᄉ건에 춤가ᄒ 결과로 복역 즁이던 길진경 군은 —월 廿四일에
방셕ᄒᆞ엿고 기타 외 청년 몃 명도 흠씩 방셕ᄒᆞ엿다더라.[193]

이 기사에 따르면 길진경은 1920년 1월 24일에 석방된 것을 알 수 있
다. 따라서 그는 1919년 3월 30일경에 체포된 후 약 10개월 정도 수감
되어 있다가 석방된 것이다.

길진경은 석방된 후에 중국으로 건너가서 기독교 학교인 난징(南京)의
금릉대학(金陵大學, The University of Nanking)에서 공부한 것으로 파악된
다.[194] 당시 이 학교에는 길진경의 숭실학교 동문인 박형룡(1920년 대학 11
회)이 공부하고 있었고, 금릉신학교에는 숭실학교 선배인 최지화(崔志化,
1911년 중학 8회, 1917년 대학 8회)와 김하원(金河源, 1909년 중학 6회)이 공부하고
있었다.[195]

길진경은 난징 금릉대학에서 공부하면서 상하이의 대한민국임시정
부와 관련하여 활동했을 가능성이 있다. 그는 1924년 6월 25일에 상하
이에서 돌아오면서 비밀 서신을 휴대했다는 이유로 인천항에서 체포되
어 조사를 받았는데, 6월 27일 자 「매일신보」는 그의 체포 소식을 다음
과 같이 전했다.

---

193) "평양 길진경 가석," 「기독신보」 1920년 2월 4일.

194) 길진경, 『길선주』, 218. 길진경은 난징대학이라고 했는데, 이 학교는 장로교, 감리교, 그리스도
의 제자교회 등이 연합으로 운영하던 금릉대학을 말하며, 1902년에 삼강사범학당(三江師範學
堂)으로 시작하여 1920년에 국립동남대학이 된 학교와는 다른 학교다.

195) 장동민, 『박형룡의 신학 연구』(서울: 한국기독교역사연구소, 1998), 56-57.

이십오일 오전에 인천(仁川)에 입항한 이통환(利通丸)으로 상해(上海)에서 건너온 평양부(平壤府) 상수구리(上水口里) 학생 길진경(吉鎭京)(22)은 배에서 내리사, 인친경찰시에 동챙되어 방금 엄중한 취주를 받는 중인데 상해 모쳐에서 조선 내지에 전할 서신으로부터 말미암음인바 자세한 내용에 대하여는 발포를 금지하였더라.[196]

196) "비밀통신을 휴대한 학생 1명 상륙," 「매일신보」 1924년 6월 27일.

3.
부인 오순애의 사회 활동

길진형이 세상을 떠난 후 부인 오순애는 친정이 있는 선천에서 아들 길낙영을 키우면서 생활했다.[197] 오순애와 아들 낙영은 경제적으로 비교적 넉넉한 생활을 한 것으로 보인다. 선천의 오씨 가문 출신 중에는 부자들이 많았는데, 오순애의 아버지는 일찍 세상을 떠났지만, 오순애와 형제들이 물려받은 유산이 많았던 것으로 짐작된다. 오순애의 오빠 오용권(吳鏞權)은 1919년에 선천군 산면(山面) 면장을 지냈고, 지역의 부호로 알려졌다. 그의 아들 오진태(吳震泰, 1895-1840)는 경성의학전문학교를 졸업하고 선천 인제병원을 설립하여 운영했으며, 선천금융조합, 선천읍회(宣川邑會) 의원, 철도국 촉탁의 등을 역임했고, 신성중학교에 재정적인 지원을 많이 했다.[198] 그는 1940년 7월 21일에 세상을 떠나면서 부

---

197) 「興士團(同友會) 사건 검거에 관한 건[京鍾警高秘 제7735호](1937.10.28.)」에 의하면 오순애의 본적지 주소는 평양부 상수구리(上水口里) 33번지였고, 거주지 주소는 평북 선천군 선천읍 천북동(川北洞) 581번지였다. 본적지 주소는 시아버지 길선주 목사의 사택 주소였다.

198) "선천금융조합장 오진태 씨 당선," 「조선일보」 1935년 2월 10일; "당선된 읍회 의원," 「동아일보」 1935년 5월 23일.

인 장희원과 고모 오순애에게 자신의 유산 중 20,000원을 사회에 기부하도록 부탁했다.[199)]

길낙영은 1928년 3월에 명신학교를 졸업하고,[200)] 숭실전문학교에 입학하여 공부했다. 그는 재학 중 축구부원으로 활약하면서 1932년, 1933년 전조선 축구대회에 출전하기도 했다.[201)] 1934년 2월에 숭실전문학교를 제4회로 졸업했으며,[202)] 명신학교의 교실 증축을 위한 위원으로 임명되기도 하고, 몇 년 동안 정구(庭球) 선수로 활동하면서 1934년부터 1937년까지 전조선 정구대회의 임원 겸 선수로 활약했다.[203)]

오순애는 선천읍 북(北)교회에서 신앙생활을 하는 일 외에도 교육 활동과 청년운동을 활발하게 펼친 것으로 파악된다. 그는 해방 전까지 선천여자기독교청년회, 영덕여자야학교, 명신유치원, 명신여학교, 보성여학교, 신간회, 신성중학교, 수양동우회 등 다양한 기관과 관련하여

---

199) 오진태는 유언으로, 국방헌금 1,000원, 선천 남교회에 1,000원, 선천 남교회 원로목사 퇴직금 기금으로 1,000원, 자신의 본적지 교회인 선천군 용연면(龍淵面)의 갑암(甲岩)교회에 밭 3,000평, 기념사업 기금으로 10,000원 등 20,000원을 기부하도록 했다. "선천 사회 각 단체에 이만 원을 기부, 선천 오진태 씨 유언," 「동아일보」 1940년 7월 27일.

200) 길낙영은 졸업생 26명 중(남학생 19명, 여학생 7명)에 김예환(金禮煥)과 함께 우등생으로 뽑혔다. "명신교 졸업식," 「조선일보」 1928년 3월 18일.

201) "관서체육회 주최, 본사지국 후원, 전조선 축구," 「동아일보」 1932년 5월 15일; "성황 중에 개막된 전조선 축구대회," 「조선일보」 1933년 11월 2일.

202) 숭실대학교 한국기독교박물관 편, 『평양숭실대학 역사 자료집 VI: 숭실교우회 회원명부』, 68, 134; "교문을 나서는 명선수," 「조선일보」 1934년 2월 23일.

203) "명신교 동창회 모교 증축 후원," 「조선일보」 1934년 3월 22일; "선천에 열릴 제9회 전조선 정구대회," 「동아일보」 1934년 7월 21일; "선천에서 열릴 제10회 전조선 정구대회," 「동아일보」 1935년 7월 10일; "선천에 열릴 제11회 전조선 정구 요항," 「동아일보」 1936년 7월 17일; "선천 기청 주최 제2회 전조선 정구," 「동아일보」 1937년 7월 23일.

활동했다.

선천여자기독교청년회는 1920년 6월에 설립되었다.[204] 이 여자기독교 청년회는 1923년 8월에 조선여자기독청년연합회가 설립되기 전에 지역에 자생적으로 설립된 청년회인데, 가장 이른 시기에 설립된 여자기독교청년회 중 하나라고 할 수 있다. 선천여자기독교청년회는 1921년 6월 18일에 이상재(李商在)를 초청하여 강연회를 개최할 만큼[205] 초창기부터 활발하게 활동했는데, 영덕여자야학교(永德女子夜學教)와 명신유치원(明信幼稚園)을 설립하여 운영했다.

오순애는 영덕여자야학교의 설립 초기부터 교장으로 일했는데, 이 학교는 1921년 10월에 설립되었다. 1923년 5월 25일에는 허영신(許永信), 오주은(吳珠殷), 안덕경(安德敬), 박원명(朴元明), 박애수(朴愛受) 등 5명의 제1회 졸업생을 배출했다.[206]

그리고 오순애는 1927년부터 명신유치원 원장으로 일했다.[207] 이 유치원은 1920년에 설립되어 초기에는 강기일(姜基一)이 원장을 맡았다.[208] 오순애는 1936년 4월에 명신유치원이 재정난을 이유로 선천 4개 교회

---

204) "반도 최초의 여청-선천여자기독청년회, 창립이십주년기념식," 「매일신보」 1940년 7월 5일.

205) "이상재 씨 강연," 「조선일보」 1921년 6월 23일.

206) "선천여자야학교 졸업식," 「조선일보」 1923년 6월 7일; "십년일람, 현저히 발달된 찬연한 지방문화(其八), 선천군-교육기관," 「동아일보」 1929년 1월 9일.

207) "유아 훈육, 설립자로 유치원장에, 선천 명신학교 오순애 여사," 「동아일보」 1927년 6월 15일.

208) "선천 유치원 소식," 「동아일보」 1922년 8월 12일; "명신유원 기념식," 「조선일보」 1926년 11월 21일."선천 유치원 소식," 「동아일보」 1922년 8월 12일; "명신유원 기념식," 「조선일보」 1926년 11월 21일.

(남교회, 북교회 동교회, 중앙교회) 연합 당회에 인계되기 전까지 원장으로 재직했다. 인계 당시 유치원 이사회가 조직되면서 20명의 이사가 선임되었는데, 오순애도 이사로 선임되었다.[209]

오순애와 명신학교 관련 기사 ⓒ 「동아일보」 1927년 6월 15일

1940년 6월 29일에 선천 여자기독교청년회는 창립 20주년 기념식을 거행했는데, 1940년 7월 5일 자 「매일신보」에서는 창립 20주년 기념식 소식과 창립 초기부터 활동한 회원과 사업에 대해서 이렇게 전하고 있다.

평북 선천읍 선천여자기독교청년회(宣川女子基督敎靑年會)에서는 지난 29일 오전 10시 40분에 동 회관에서 창립 20주년 기념식을 동회 회장 김성모(金聖姆) 여사의 사회하에 회원 80여 명과 내빈 수십여 명의 열석으로 거행하였었다. 동 여자청년회는 우리 조선 여자의 자주적 집단으로는 맨 처음이어서 조선여자청년회의 맏형님 격이라고 하는데, 경

209) "선천 명신유원," 「동아일보」 1936년 4월 1일.

성여자청년회도 선천여자청년회가 탄생한 지 이태를 떨어져 대정(大正) 11년에야 창립하였다고 한다. 이와 같이 조선 여자 운동계에 제일 선을 담당하고 나섰던 여류 투사로 오늘까지 하루 같이 싸워나온 이는 김성모, 오순애(吳順愛), 백형덕(白亨德) 여사 등 13인이라고 하는데, 동회의 사업으로는 유치원(幼稚園)과 여자 계몽기관인 영덕야학교(永德夜學敎)를 경영하여 오는 것이며 때를 따라 각종 강습회와 여자 운동회 등을 개최한다고 하며 또 조선의 여자청년회 단독으로 당당한 회관을 갖고 있는 단체도 선천여자기독교청년회 뿐이라고 한다.[210]

신문 기사에서는 선천여자기독교청년회의 설립 때부터 20년 동안 계속 활동한 회원 13명 중 김성모, 오순애, 백형덕을 대표적으로 거론하고 있다.

오순애는 신간회 선천 지회 설립에도 참여하여 1927년 12월 9일에 열린 제1회 정기총회에서 대의원으로 선출되었으며,[211] 1929년 6월에는 신성중학교의 기본금 모집 위원에 선임되었다.[212] 1934년 5월에는 당시 2년제인 보성(保聖)여학교의 학년 연장을 위한 실행 위원에 선임되어 활동했다.[213] 이런 노력으로 보성여학교는 다음 해 5월 9일에 3년제로 인

---

210) "반도 최초의 여청-선천여자기독청년회, 창립이십주년기념식," 「매일신보」 1940년 7월 5일.

211) "선천지회 정기대회," 「조선일보」 1927년 12월 13일.

212) "신성학교 기본금 모집," 「조선일보」 1929년 6월 15일.

213) 실행위원으로는 장규명, 오현준, 김영도, 함가륜, 오순애, 김성모, 백영엽, 이영학, 강규찬, 김석창, 신봉기, 최윤관, 조시한, 정린종, 홍택기 등이 선임되었다. "선천 보성여학교 학년연장운동," 「동아일보」 1934년 5월 15일.

가받았다.[214]

또한 오순애는 수양동우회(修養同友會) 사건으로 체포된 적도 있다. 그는 1937년 6월 19일에 체포되었지만, 조사 과정에서 범죄가 경미하고 병이 있다는 이유로 8월 3일에 석방되었다.[215] 당시 수양동우회 사건과 관련하여 선천 지역에서 체포 후 조사를 받은 사람들은 오순애를 비롯하여 장리욱(張利郁), 주현측(朱賢則), 백영엽(白永燁), 양준명(梁濬明), 이영학(李英學), 오정은(吳正殷), 오익은(吳翊殷), 박창준(朴昌俊), 김영도(金永道), 김치제(金致濟), 김복동(金福童), 백재규(白再圭), 오현준(吳鉉埈), 김성실(金誠實) 등이었다.

214) "선천 보성여학교 학년연상완성," 「동아일보」 1934년 9월 4일; "선천 보성여교 학년연장축하회," 「동아일보」 1935년 5월 27일.

215) 「興士團(同友會)사건 검거에 관한 건[京鍾警高秘 제7735호](1937.10.28.)」 독립기념관 한국독립운동정보시스템(https://search.i815.or.kr/contents/independenceFighter/detail.do?isTotalSearch=Y&independenceFighterId=9-AH0967-000&sortNo=4), 2025년 9월 10일 접속.

책을 마치며

.
.
.

　해방 후 독립운동가들의 유족이나 후손들의 어려운 생활을 알리는 신문 기사는 자주 게재되었다. 그 기사 중에는 길낙영 가족에 관한 내용도 있다. 해방 후 오순애와 길낙영 가족이 선천에서 어느 시기에 어떻게 월남했는지 자세히 알 수는 없지만, 월남 이후 그들의 삶은 선천에서와는 많이 달랐던 것 같다.

　1962년 2월 20일 자 「동아일보」는 길낙영 가족의 상황에 대해서 이렇게 전하고 있다.

　　길선주 씨 장손 길낙영(50), 무직(서울 영등포구 노량진동 산28의 62), 주택 판자집을 세 얻어들고 있음, 생활상태, 직업 없이 방황하고 있으며 3인 자녀 교육에도 학비에 심히 타격을 받고 있음.[216]

---

216) "올해도 3·1절은 다가오지만… 33인 유족 거의 가난과 병고," 「동아일보」 1962년 2월 20일.

몇 년이 지나서 1969년 1월 5일 자 「조선일보」에서도 여전히 "길선주 (吉善宙) 씨의 장손 길낙영(吉樂永. 55. 서울 노량진동 산 28의 62) 씨는 세 든 판잣집에서 모친과 3자녀의 교육을 부인의 삯바느질에 의존"[217]하고 있다고 알려주고 있다.

길낙영 가족이 월남한 후 전쟁과 가난 속에서 오랫동안 고단한 생활을 해온 현실을 위의 신문 기사를 통해서 충분히 알 수 있다. 이렇게 해방 후 부인 오순애와 아들 길낙영도 힘든 생활을 하는 처지가 되었지만, 길진형도 사람들의 기억 속에서 잊혀졌다. 대한민국 정부가 1977년에 대통령 표창을 추서하고, 1990년에 훈격을 건국훈장 애족장으로 변경했지만, 많은 사람들이 그의 생애와 독립운동을 다시 기억해 주지는 않았다.

우리 근현대사 속에는 이렇게 길진형처럼 자세히 알려지지 않은 독립운동가나 지사들이 있을 것이다. 그들의 숭고한 뜻과 삶이 사라진 후에, 시간의 흐름 속에서 그들에 관한 자료와 그들을 기억하던 사람들도 사라져서, 애써 찾지 않으면 이름도 기억할 수 없는 경우가 꽤 있을 것이다.

그러므로 길진형이 대단한 독립운동가나, 목숨을 초개와 같이 던진 열사는 아니라고 해도, 망각의 역사 속에서 다시 그의 이름을 불러내고 생애를 되짚어 살펴보는 일은 우리가 잊어버린, 혹은 잊어버리기 쉬운 역사의 작은 조각들을 모으는 일과 같다. 이 책이, 험난한 독립운동

---

217) "살아있는 「삼일운동」 오늘의 만세 가족," 「조선일보」 1969년 1월 5일.

의 역사에는 유명하고 대단한 독립운동가나 위인만 있었던 것이 아니라, 길진형처럼 짧은 생애 속에서도 소중한 활동을 한 작은 지사들도 많이 있었다는 것을 기억하게 해주는 통로가 되기를 바란다.

양복에 흥사단 어깨띠를 착용한 길진형
ⓒ 독립기념관 한국독립운동정보시스템

부록

∴

길천우의
"민족 개량론"[218]

　현금(現今) 종교계나 교육계나 정치계나 실업계에 헌신하여 사업을 도모하는 사업가들의 그 주지의 근본적 목적이 무엇이냐 하면 단순히 민족의 심리를 교육하고 체질을 배양하여 쓸만한 사람을 만듦에 지나지 아니하니 현금 사회 정책에 긴급하고 최중한 문제는 곧 민중을 개량함이라. 참배를 얻으려면 들에 있는 돌배를 가져다가 좋은 배나무에 접부쳐서 비료를 주지 않고 잘 배양치 않으면 도저히 얻지 못하나니 신성한 국체를 조직하고 선량한 사회를 성립하려면 국가와 사회의 원기(元氣) 되는 국민을 개량치 않고는 불능한지라 하물며 조국을 광복하며 신대한을 건설하려는 단군 성조의 자손 우리 민족이리오. 나라를 잃고 해외에 나아와 소망을 흉중에 가득히 담은 우리 동족들아! 부모국을 다시 찾으려는가? 민중을 개량할지며, 문명 부강하여 화려한 금수(錦繡) 반도국으로 유럽의 열강국과 같은 반열에 서고자 하는가? 민중을 개량

---

218) 「신한민보」 1916년 4월 6일, 5월 4일. 필자가 이해를 돕기 위하여 현대어 문장으로 고친 부분이 있으며, 필요에 따라 한자와 아라비아 숫자, 각주를 첨부했다.

할지며, 사회의 풍기를 선량케 하고 민족의 심리를 공정케 하기를 원하는가? 민중을 개량할지어다. 나는 이 문제에 대하여 얼마큼 긴급 중대함을 자각한 동시에 같이 사업을 목적하는 동포들로 함께 깨닫고 함께 연구하여 장처(長處)는 거르고 단처(短處)는 고치지 아니함이 불가한 줄이에 나의 얻은 바를 기록하는바 사랑하는 동포 여러분은 앞에 있는 중대한 사업을 희망하는 동시에 깊이 생각하시기를 축수하노라.

민중 개량의 정의

민중 개량은 사회를 도모하는데, 큰 관계가 있는 자로 곧 사회의 분자되는 인민의 못된 것을 개량함에 생물학과 인류학과 사회학과 심리학과 위생학과 교육학 등 모든 방면으로 인류 개량에 관한 방법을 연구하는 자이니, 역사를 상고하여 고금의 성쇠 흥망의 자취를 살펴 새로이 흥성하는 나라의 국민과 패망하는 나라의 국민을 대조하면 이 두 국민 사이에 그 심지와 그 체질과 그 풍기와 그 능력이 현저히 나타난 것을 봐서 알 수 있으니 이 마땅히 일어나지 않을 수 없는 문제 됨은 명백한지라. 국가의 법률, 행정, 교육, 의술 등이 다 민족 개량하는 데 응용하는 법이니 그중에 실제로 민족 개량하는 목적에 향하여 효력을 내는 바는 곧 교육과 의술이라. 오늘날 단군 성조와 동명성왕의 후손

된 우리 민족이 오백여 년 이래로 점점 문약에 빠져 악한 습관과 모든 죄와 허물로 인하여 점점 타락하여 지금 여기에 이르렀으니, 이보다 더욱 심한 지경에 있는 저 내지(內地) 우리 민족이나 해외 각지에 낙낙히 흩어져 있는 우리 남은 민족이 이 지구상에서 아주 멸진(滅盡)하여 이름까지 영영 소멸하는 참경(慘景)[219]에 이르지 않고 다시 집을 건설하려면 현금 이 민족 사이에 마땅히 일어날 민족 개량에 있으니 범연히 생각할 바 결단코 아니니라.

민중 개량의 유래

민중 개량론은 영국 교사 프랜시스 골턴[220] 씨가 처음 주창한 후 거금 5-60년 전부터 태서(泰西)[221] 각국의 한 학과로 발생되어 민중 개량이

----

219) 끔찍하고 참혹한 광경.

220) 프랜시스 골턴(Francis Galton, 1822-1911)은 영국의 기상학자, 지리학자, 유전학자, 심리학자, 통계학자, 발명가로 빅토리아 시대를 대표하는 학자다. 찰스 다윈의 사촌으로 우생학에 관심이 많아서 연구 방향을 초인적인 종족 창조로 돌렸다. 1869년에 "Hereditary Genius"를 통하여 과학이 부적격자의 출산율을 점검한 뒤 좋은 혈통 간의 결혼을 통하여 적격자의 출산율을 높여서 인종을 개량하자고 제안했다. 심지어 통계적 연구를 통해 영국의 미인 지도를 만들어 가장 못생긴 여성들은 스코틀랜드 에버딘에 살고 있다는 편향적 결론을 내리기도 했다. 1883년에는 저서 Inquiries into Human Faculty and its Development를 출판했으며, 같은 해에 우생학(eugenics)이라는 용어를 만들었다. 그의 영향으로 우생학 연구회가 설립되기도 했다.

221) 서양을 예스럽게 일컫는 말.

인류 사회에 직접 간접으로 얼마큼 관계가 있는 것을 깨달아 연구하는 중에 오늘날 국운이 발달하는 모든 나라에 그 연구, 실시하는 추세가 자못 장한지라 고대 헬라의 스파르타 국민을 보면 부용이 사람을 넘어 그 위명을 천하에 날린 것은 무슨 연고인가? 스파르타 국민들이 본래 용한(勇悍)함을 위주하여 어린아이를 낳되 만일 연약한 아이면 죽이고 건장하여 기력이 있는 아이는 살려 기르는 엄준한 습관법이 있었으니 그 야만 덕행 위로 어린아이를 죽이는 법이 인도에 절대적 어김이나 이는 다만 전국시대에 처한 그 나라를 강하게 하기 위하여 비상한 수단을 쓴 것이라. 이로 인하여 그 나라의 용장(勇壯)한 장졸이 많은 것은 물론이고 그 국민 전수가 다 훈련에 전무하고 무예를 연습함에 종사하여 여자들도 각각 국가의 한 분자됨과 또 건장한 아이는 건장한 태에 있다는 잠언을 깨달아 남자와 조금도 다름이 없이 신체의 훈련을 일삼아 무예를 연습하며 병식 유련 체조를 힘써 하고 헤엄치기와 말달리는 모든 기예를 힘써 여자들도 장병의 의무가 있었으며, 여자들이 체육을 수련하는 동시에 또한 미육(美育)[222]을 장려하여 천상천하에 고운 것을 주관하는 여신 비너스에게 아름다운 용모 주기를 기도하며 항상 체술(體術)[223]을 행한 후에는 음악, 미술 등으로 그 마음 화창케 하고 그 용모를 치장하여 스파르타 국민 남녀는 체격 건실하고 용모 수려하여 과연 당시에 모범이 될 만하였는지라. 오늘날 코카서스 남녀는 세계 인종계에 가장 강한하고 미인이 많은 것도 이 까닭이며, 러시아 과학사 「라지

222) '미적 교육'을 줄여 이르는 말.

223) 일정한 운동을 통하여 신체를 튼튼하게 단련시키는 체육을 일컫는 말.

아도 리고무」[224] 씨는 본래 재산가로 학문을 위하여 그 재산과 자기 몸까지 희생하는 중 자기 소유지에 광대한 연구소를 설치하고 인류상 개량 발달에 관한 방법을 연구하여 실제로 각처에 순행하며 연령이 비슷하고 체격이 건준(健俊)하고[225] 용모가 수려한 이상적 남녀를 택하여 한곳에 모으고 자기 소유 토지를 베어주어 생활하게 하기를 수십 년에 지금은 러시아국 중에 특종 신민족(新民族)으로 150인에 달하였고, 그 신민족 중에 과연 모범이 될 만한 제2 모범 부부가 난지라. 현금 미국은 민족 개량에 주의하여 진행하는 중, 아이오아주에서 가결한 바 고치기 어려운 병인은 의학상술로 죽이는 법과 인디애나주에서 통과된바 거세법 곧 남자의 정소와 여자의 난소를 없이하는 술 같은 것은 다 다른 나라 사람들이 꿈에도 생각하지 못하는 바로되 법률로써 주저함이 없이 민중 개선에 착수한 바요 그밖에 결혼의 제한을 정한 등, 모든 법안이 다 민중을 개량함에 주의(注意), 실시하는 바라. 프랑스 국은 본래 너무 사치하여 비교적 화류병이 많은 것은 세계가 다 아는 바라. 제15세기에는 화류병을 소위 프랑스병이라 하는 것을 보면 그 병이 어디서 발생하여 어디서 만연됨이 많은 것은 가히 알지로다. 이 원인으로 국민의 생식기능이 쇠약하여 인구가 감소하였으니 1895년에는 파리의 부인 전수의 4분지 3이 화류병자라 하였으나, 1908년 조사에는 파리는 물론 어느 여자든지 화류병이 도무지 끊어졌다 하였으니, 이는 1895년 이래로 프랑스에 나라를 근심하는 사람들이 민중 개량에 전심 갈력(竭力)한

224) 누구인지 정확히 알 수 없다.

225) 건강하고 빼어나다는 뜻.

[226] 연고요, 덕국(德國)[227] 국민은 비교적 건전하나 술 먹는 자가 심히 많아서 주독병(酒毒病)에 걸리는 자가 매년에 증가함으로 인하여 덕국을 망하게 할 것이라 하기 과언이 아니라. 뇌일혈병은 음주가에게 제일 낳으니, 덕국은 이 병에 걸리는 자가 100분의 25요, 프러시아 정신병원에 술로 인하여 병든 자를 조사하니 100분의 28이요, 술로 인하여 범죄함이 많으니, 음주자로 범죄자가 또한 100분의 44라, 이러한 악질과 이러한 악폐가 증진하면 그 나라는 쇠퇴할 것이 정한지라. 그러므로 덕국에 충성하여 국세를 더욱 증가하게 운동하는 자들은 이 점에 주의하고 민중 개량에 전심 의지하여 금주에 관한 법안을 세운지라. 그런즉 우리 민족은 이것을 보아 지금 생각할지니 우리나라가 단군 이래 고구려 시대에 민기(民氣)가 어떠하고, 그 시에 국가 판도가 얼마큼 확장되었으며, 고구려 시대에는 민기와 국가 범위가 어떠하였으며 이조 500여 년 이래에 민기와 국가의 능력이 어떠하였으며, 현금에 우리 형편과 민기가 어떠한가? 5천년 역사의 연혁을 대조하여 깊이 생각하고 또한 고구려 판도를 다시 찾아내 나라를 건설하려는 사업에 민중 개량이 어떻게 큰 관계가 있는지 깊이 연구할지라.

---

226) 있는 힘을 다하여 애씀.

227) 예전에 독일을 이르던 말.

▨ 민중 개량의 목적

원래 사람은 우리 조상 아담, 하와의 범죄한 이래로 악한 방면의 성적을 유전하는 동시에 선한 방면의 성적도 유전하도록 상당한 수단을 연구하지 않을 수 없으니 악한 방면의 유전질은 무엇인가? 이는 곧 자손을 병들게 만들고 태를 끊는 악한 소질이니 오늘을 당하여 정신병이라든지, 주독, 범죄, 불량한 행위와 자살 등과 고치기 어려운 험한 병과 신경 쇠약 등 악질이 다 유전의 관계로 된 자요, 선한 방면으로는 혈통적 당수와 풍부한 생식력과 천재 등이 다 유전의 관계로 되는지라. 실제를 들어 말하면 우리의 밝히 아는바 매독병 있는 부모의 혈관으로 난 자식은 의례히 독성 질병이 있으며, 술꾸러기의 혈관으로 난 자식은 노둔(駑鈍)하지[228] 않으면 패류(悖類)[229]가 되든지 전광병(癲狂病)[230] 있는 것이 곧 실제라, 그런즉 민중 개량의 목적은 이러한 악한 방면 유전성을 박멸하고 선한 방면으로 나아가도록 개량하자 함이니 이러므로 현금 사회 정책 중에 가장 긴한 문제는 주독, 폐질, 화류병, 유아 취체법, 불량한 소년, 생활난 등 여러 가지이므로 구미 각국에서 민중 개량의 목적을 따라 그 극점되는 여섯 가지 문제를 해결하기에 면려(勉勵)[231] 하니 대개 주독, 폐병, 화류병은 국민의 체질을 못 쓰게 만드는 것이요,

---

228) 둔하고 어리석어 미련하다는 뜻.

229) 말이나 행실이 도리에 어긋나고 거칠며 염치없는 무리.

230) 예전에 뇌전증(Epilepsy)을 일컫던 말.

231) 남을 격려해서 힘쓰게 함.

유아 취체는 국민의 염을 배양함이며 불량한 소년의 감화 회개는 범죄의 원인을 버림이요, 생활난의 구조는 모든 죄악과 자살 등 악한 행동을 방어하는 것이므로, 흥성하는 나라도 물론이거니와 새 국가를 도모하고 원대한 경영을 뜻하는 우리 한국 민족들은 불가불 연구할 바요 힘써 행하여야 될 것이라. 내가 우리의 할 바 무엇무엇을 말하기 전에 먼저 이 여섯 가지 문제를 말하고자 하노라.

1. 주독

술이 사람과 어떻게 하여 관계되었는지.

술의 해되는 것은, 물론 누구든지 다 아는 바거니와 의학가들이든지 종교가들이든지 교육가들이든지 여러 방면으로 사회를 개량하고자 하는 사람들은 기어이 술의 해독을 통론 하는 바라. 그러나 술은 상하 귀천을 막론하고 마시는 자 심히 많으니 그리 해를 확실히 알고 마시는 자 있는지 모르거니와 내가 술 마시는 자를 분류하면

1) 술이 백약의 효가 있다고 자신하는 자

2) 술의 해를 깨닫지 못하는 자

3) 술의 해가 그렇게 심하다고 생각지 못하는 자

4) 교제상에는 부득이한 경우라 하여 사용하는 자

5) 그 해를 알고도 이것을 끊을 능력이 없는 자

이같이 억해하는 자도 없지 아니하니 내가 본국에서 여러 사람을 상종하여 본 중에 어떤 사람들은 바울이 디모데의 위병(胃病)을 인하여 포도주를 좀 쓰라 권고한 구절을 가지고 말하는 이가 많은지라, 이것은 넓게 생각하여 해석하지 못하는 것이거니와 하여간 우리는 주독이 얼마큼 사람에게 해됨을 밝히 아는 바라 술 마시는 사람이 처음은 무슨 약이라고 빙자하든지 무슨 방면으로 한두 번 마시다가 차차 몇 번을 지나서 습관이 되고 보면 나중에는 술꾸러기가 되어 해독을 알아 끊으려 하되 무능한 자가 되어 그 몸과 그 자손에게까지 종래 큰 해를 끼치나니 그러므로 어떤 나라 의학사의 말과 같이 술은 쓰는 법을 따라 약제에 씀이 많거니와 술의 조건을 들어 말하자면 비상한 해독을 줌이 모르핀과 같은지라. 이 술은 고래 성현의 말을 의지하여 볼지라도 적게 말하면 몸을 망하게 하고 크게 말하면 가정으로 좇아 그 나라를 망하게 하는 독물인 줄 정확히 알 바라. 술이란 것은 한번 마시면 위로 곧 들어가 즉시 혈맥을 혼잡하여 전신에 퍼져 해를 가하는 중에 그 해를 먼저 받고 또한 크게 받게 되는 곳이 뇌(腦)라. 주독이 뇌에 범하는 동시에는 곧 취하여지나니 곧 주정이라 주정의 원인은 곧 알코올이 세포를 침범하나니 세포의 원형질은 알코올을 만나는 동시에 오그라들어 연연한 신경세포를 굳게 만들어 그 기능을 그치게 하는지라. 그러므로 취하는 처음에는 정신이 아득하여 얼굴빛은 붉어지고 말이 많아지며 걸음 법도 부정하여지고 나중은 별 행패가 다발(多發)하여 친구끼리 다툼과 부처(夫妻)끼리 싸움하여 가장집물을 파괴하기와 공연히 자결하는 큰 죄악이 다 발생하나니 그럼에도 이 주독의 급성 주독, 만성 주독 두 가지로 나누나니 급성 주독은 즉시 음주로 발하여 정신의 손해를 입을 뿐 아니라 내장 모든 기관에까지 해를 받나니 위는 그 자격을 받아 점막의 작용을 방해하여 나중에는 이질까지 나게 하고 많이 마시면 구토하며 두통 나고 염통은 과도히 뛰놀아 심할 때는 염동이 가렵기까지 하고 폐에 해를 받아 호흡이 곤란하여지며 소변은 빈번하여 신장염까지 되나니 이러한 큰 해독을 몸에 주는 만성 주독은 습관성 음주로 생기는 것이니, 곧 기억력이 감소하여지고 생각과 판단하는 힘이 쇠하여지며 상식이 다 없어지고 의리와 인정이 없어져서 부도덕한 심한 행동이 외람된 행위로 종종 악한 죄악에 빠져 큰 해를 받는 것이라. 이같이 사람의 긴중한 기관이 되는 뇌와 내장에 해를 받아 저희가 하는 모든 기능을 잃어버리니 이로 볼진대 주독이 사람에게 얼마만큼 해 되는 것을 가히 알지로다.

술로 받는 해가 어떠한가? 이상에 말하지 않았는가, 술은 적게 말하면 제 몸으로부터 큰 범위로 국가에 해를 끼치나니 이를 분별하면 대략 세 가지로 나눌지니 일(一)은 자기에 대한 해와 이(二)는 자손에 대한 해와 삼(三)은 사회에 대한 해(害)이니라.

① 자기에 대한 해

술은 간접, 직접으로 한 몸에 큰 해를 끼쳐 질병과 단명과 모든 자살 등 행동으로 일신을 망치나니 대저 술을 먹는 자는 병독을 저항하는 능력이 쇠약한 까닭으로 걸리기 쉬울 뿐 아니라 체질을 못 쓰게 만들어 종종 중증에 걸리나니 대저 술로 밀접 관계가 있는 질병은 정신병, 화류병, 뇌병, 결핵병, 심장병, 폐렴, 신장염 등이라. 술이 병독을 저항하는 능력을 감소하는 증거는 동물로 시험할지니 육축 간 어느 동물이든지 연령과 체격이 동일한 놈을 택출(擇出)하여 똑같이 먹여 기르되 한 놈에게는 술이나 알코올을 먹여 중독을 일으키고, 한 놈에게는 술기운을 아주 끊어 그 두 놈의 상태를 살펴 전염병에 대한 저항력이 있고 없는 것을 시험하여 보면 술로 중독에 걸린 놈은 원기가 없어져서 무슨 전염을 만나든지 곧 감염이 되되 중독에 걸리지 아니한 다른 놈은 그렇지 아니한지라. 1848년에 크리스코에서 호열자(虎列刺)[232] 병이 유행할 즈음에 환자를 조사한 표를 보면 술 마시지 아니한 자로는 192요, 술 마시는 자로는 812의 고솔을 가진지라. 화류병 전염은 술 취하였을 때 교구로 됨이 가장 많은 것이 사실이며, 뇌일혈병은 술 마시는 자에게 많은 것은, 전편에 말한 덕국 조사표를 보아 가히 알지라.

술로 단명함은 물론이거니와 ○○을 가져 말하자면 대개 자살이란 것은 술로 원인이 됨이 많으니, 보로서의 통계표를 보면 남자의 자살자가 100명 중 13명이 술로 근원된 자요, 남녀를 비교하매 남자 4명에 대하여 여자 1명이라. 이로 보아 여자의 자살 수가 남자보다 비교적 적은 것은, 술의 원인인 줄 알만한 증거니라.

---

232) 예전에 콜레라(cholera)를 일컫던 말.

② 자손에 대한 해

이 위에 말한 바와 같이 술을 마시면 그 알코올이 혈액에 혼잡하여 전신을 순환하는 때에 혈관으로 곧 통하여 직접 큰 해를 받으며, 혹 림프관의 매개로 간접 큰 해를 받나니 그 동시에 배태 세포, 곧 정자와 난자도 그 해를 받음으로 그 정자와 그 난자로 된 자식은 허약하던지 무슨 병신이 되든지 어떠한 해든지 유전이 되고야 마나니 술꾸러기의 자녀는 병신 괴물이 되든지 정신병자가 되든지 하는 것이 실례라. 대개 주독이 그 자손에게 유전됨이 세 가지 모양이니 일(一)은 음주성, 곧 술 즐기는 성질만 유전하는 자니 음주가의 자식은 어떻든지 술을 좋아하여 장성하도록 술의 양을 점점 증가하여 나중에 그 주독으로 별 증세가 다 발하는 바요, 이(二)는 중독증을 유전하는 자니 음주가에는 정신병자든지 간질병자든지 허약한 신체를 가진 자든지 괴이한 병신 자식을 낳는 바이며, 삼(三)은 음주성과 중독성을 함께 유전하는 자니 이는 주벽이 심하여 횡포의 행실과 외람된 죄악과 절도의 성습을 가진 자식을 낳는 것이니 곧 불량한 소년들은 음주가의 자식 중에 많으니라.

술의 해독을 그 자손에게 유전함은 더 길게 이론할 필요가 없거니와 대저 술의 독이 생식력에 크게 영향을 끼침은 노예와 상등하여 오늘날 구미 각국의 학자들의 조사를 보면 술 마시는 집에는 생산을 못하든지 혹하더라도 유산하는 이가 적지 아니하니 이는 술에 심히 취하였을 때에는 정욕이 없을 뿐 아니라 혹 있더라도 무력하며 요행히 이런 가운데 생산을 하더라도 완전한 자식을 얻지 못하여 유산이 많고 병신이 많으니라.

③ 사회 대한 해

술의 해독이 널리 사회에 미치는 것을 말하려면 여러 가지가 많거니와 대부분으로 세 가지를 말할지니, 일(一)은 술과 가정의 관계요, 이(二)는 술과 경제상 관계요, 삼(三)은 술과 범죄와 관계라. 술이 사회에 미치는 영향을 알려면 먼저 술이 가정과 어떻게 관계됨을 알아야 할지니 대개 가정은 소부분 사회요, 그 가족은 사회의 한 분자이매 가정의 평화를 파괴함은 곧 사회의 한 부분을 문란케 함이라. 춘절같이 온화한 가정에 모진 바람이 불어 부처 형제 사이에 불화를 일으키는 것은 술이라, 어느 나라 사람을 보든지 그 집안의 남자가 밖에 나가서 술을 마시고 그 집안에 들어오면 공연히 술취한 주정을 하다가 제 집안 가구도 깨트려 버리고 횡설수설 욕설하며 원망하다가 나중에 살상하는 큰 죄까지 생기며 그러한 중에 가산은 점점 기울어지니 부처의 애정은 점점 식어 이혼이 생기며 부모 형제간에 분쟁이 일어나 그 가정은 큰 요란을 일으켜 종시 패망을 재촉하나니 천하를 평정하고 나라를 다스리려 하는 자 어찌 먼저 사회의 한 부분 되는 가정을 가즉히 함에 주의치 아니하리오.

또한 술이 경제상에 어떻게 관계됨을 알아야 할지니 경제는 국가, 사회의 중대한 문제라, 대개 생산력이란 것은 국가 경제 문제에 큰 관계를 가진 자로되 술이 능히 생산력을 감축시킴이 심히 크니라. 습관성으로 술을 마시는 자는 매일 긴 시간을 허비하여 술잔을 손에 잡지 아니할 때에도 그 정신을 혼실(昏失)하여 직업에 복무하기 불능하므로 그 생산력을 감소하나니 가령 하루에 일공(日工)[233] 2원 받는 노동자가 한 달에 평균 닷새 동안은 술을 마시는 것으로 허비하면 술 위에 매삭(每朔) 5원을 손실하나니 1년이면 60원이라. 또 술의 분량을 하루에 한 되로 가정하고 그 값은 80전으로 가정하면 한 달에 4원이요, 1년에 48원이니 다 합하여 1년에 생산력이 108원이 손해되는지라. 한 나라에 이같이 술로 생산력 허비하는 자를 2천 명만 잡아도 1년에 20여만 원이니 만일 다섯 해를 계산하고 보면 그 총액이 얼마나 큰 것을 알지라. 그밖에 관리나 교사나 사무원이나 누구든지 이렇게 술 마시는 결과는 동일한 손해를 받으니 국가 사회의 경제와 인민의 경제를 위하여 깊이 주의할 바라 말하노라.

또한 술은 범죄에 큰 밀접 관계가 있는 자로 술 마시고 취한 후에 별별 행패를 다 부려 범죄함이 더욱 심하니 어느 나라든지 일요일에나 어느 절일(節日)에나 토요일 오후에는 모든 직업을 휴가하므로, 술 마시는 것으로 대신 일삼는 자 많아 이러한 날에는 집안에서나 도로에서나 물론하고 범죄함이 많은 고로 경찰 사무가 이런 날에 비교적 번다한 것이 한 증거라. 오늘날 형법가의 평론을 보자면 한 번 이상 누차 범죄하는 자를 누범자로 습관성 범죄자라 하여 이러한 범죄자들은 형벌로

---

233) 하루하루를 단위로 쳐려 주는 품삯.

다스리는 것보다 정신병자로 인정하여 금치산 선고를 하는 동시에 일정한 치료원에 감금하여 치료를 베푸는 것으로 긴요함을 삼아 현금 각 국에 정신병원 등 치료원을 설치, 실시하는 바라.

이러한 습관성 범죄로 누범자는 음주가에 제일 많으니 나는 친히 보았거니와 본 국경 성구치 감옥에 연범자(連犯者)[234]로 입감하여 처형을 연차받는 자를 본즉 대부분 술로 원인이 된 자라. 덕국 통계표를 대조하면 징역의 형벌을 받은 총수에서 음주자로 4차 이상 연범자가 백분의 55요, 상습 음주가로 4차 이상 연범자가 백분의 30이며, 금고의 처형을 받은 범죄자 총수에서 음주가로 4차 이상 연범자가 백분의 77이요, 상습 음주가로 4차 이상 연범자가 백분의 45요, 정신병원의 음주가로 치료를 받는 자가 백분의 28이라. 이것을 볼진대 범죄가 술에 어떻게 큰 관계가 있는지 가히 알지니 범죄자가 많아 감옥이 증가하는 것은 곧 그 나라 국민이 타락하는 증거며 국민의 타락을 증거하는 나라는 옛날같이 망할 것이 아닌가. 오늘 경쟁대(競爭臺)에 서서 부강을 다투는 열국들을 보라 주독을 예방하는 정책을 연구하여 금주법안을 실시하며 금주 동회(同會)를 설립하며 즉각 치료소를 설치하는 등이 다 사회개량의 큰 사업이니 오늘날 미국에서는 특별히 금주 사업에 크게 활동하는 바는 이 위와 같은 ○○을 알아 개량 증진하는 추세라. 단군 황조의 자손인 부여 민족들은 깊이 연구하여 국가를 망하게 하는, 국민의 타락을 매개하는 술의 해를 분석하여 민중 개량의 즐○○ 나갈지어다.

---

234) 연이어 범죄를 저지르는 사람.

길진형 신문조서[235)]

(吉鎭亭 訊問調書)(제1회)

문: 주소, 성명, 직업, 연령은 어떠한가?

└ **답:** 평안남도 평양부(平壤府) 융흥면(隆興面) 1리 하소동(下所洞) 2통 8호, 당시 평안북도 선천군(宣川郡) 읍내(邑內) 염수동(鹽水洞) 15통 3호, 양반, 교사 길진형 21세.

문: 너는 길진영(吉鎭榮)이라고는 하지 않는가?

└ **답:** 길진형(吉鎭亭)인데, 길진영이라고 틀리게 부르는 사람도 있다.

---

235) 국사편찬위원회 한국사데이터베이스, 『한민족독립운동사자료집, 105人事件訊問調書 I』 (https://db.history.go.kr/modern/compareViewer.do?levelId=hd_003_0500_0010).

문: 너는 어디에서 공부하였는가?

　　└, 답: 숭덕소학교(崇德小學校)로부터 숭실중학교(崇實中學校)를 졸업하였다.

문: 영어를 배웠는가?

　　└, 답: 조금은 배웠기 때문에 이야기를 할 정도는 된다.

문: 종교는 무엇인가?

　　└, 답: 예수(耶蘇) 장로교이다.

문: 아버지는 무엇이라고 부르는가?

　　└, 답: 길선주(吉善宙)라고 부르며, 예수교 목사이다.

문: 너는 현재 어디의 교사인가?

답: 선천(宣川) 신성중학교(信聖中學校)이다.

문: 언제 교사가 되었는가?

답: 양력으로 작년 8월부터이다.

문: 너의 처는 어디서 왔는가?

답: 선천 사람으로, 재작년 양력 9월에 안준(安濬)의 중매로 약혼이 되어 양력으로 작년 1월 12일에 결혼을 한 이래 함께 살고 있다.

문: 양력으로 재작년 9월에 결혼을 약속하고 작년 1월에 결혼하기까지 5개월 동안 선천 약혼녀의 집에 갔던 일은 없는가?

답: 있었다. 결혼 때까지 모두 다섯 차례 갔었다.

문: 그것은 언제 언제였는가?

ㄴ 답: 약간 틀렸다. 안준의 중매로 약혼한 것이, 양력으로 재재작년 즉, 메이지(明治) 42년 9월이었는데, 그때부터 작년 1월까지 다섯 차례 갔던 것으로, 약혼 후 처음 갔던 것은 재재작년 12월 말로 20여 일 체재하였으며, 그다음이 메이지 43년 8월에 가서 20일 정도 체재하였고, 그다음은 같은 해 12월에 가서 20일간 체재하였으며, 그다음은 메이지 44년 1월 결혼 때에 가서 대략 1개월 정도 있었다.

문: 그렇다면 다섯 번이 아니라, 네 번이 아닌가?

ㄴ 답: 그리고 나서 봄에 또 갔었다.

문: 그것은 결혼 후이고, 지금 물어보는 것은 약혼 때서부터 결혼 때까지 사이에 다섯 번 갔었느냐는 것이 아닌가?

ㄴ 답: 나는 혼인한 후까지로 들었으므로 다섯 번이라고 진술하였던 것인데, 혼인 때까지라면 네 번이다. 결혼을 했지만, 아직까지 평양으로 데리고 오지 않았다. 그것은 내가 공부 중이

기 때문으로, 결혼 후 다섯 번째 갔을 때 처는 선천에 있었으며, 처의 부친의 묘를 개축(改築)하기 위해서였다.

문: 아직 결혼하지 않은 약혼녀의 집에 자주 가는 풍속이 있는가?

└, **답:** 원래는 없다. 처의 모친이 자꾸 오라고 해서 갔었다.

문: 약혼만 하고도, 그사이에 동침하는가?

└, **답:** 처도 학교에 다니며 공부하는 중이었으므로 집에 있지 않았다.

문: 그렇다면 만나보지 못하였는가?

└, **답:** 매일 만났다.

문: 이야기해 보았는가?

└, **답:** 공부하고 있는 중이므로 질문을 해오면 가르쳐 주기도 하였다.

문: 양력으로 재작년 12월에 가서 체재한 것은 언제부터 언제까지였는가?

└, **답:** 12월 20일경에 가서 메이지 44년 1월 2일인가 3일에 돌아왔다.

문: 예수 탄생일은 어디에서 보냈는가?

└, **답:** 선천 처의 집이었다.

문: 그때 총독을 암살할 목적으로 갔던 것은 아닌가?

└, **답:** 그러한 사실은 없었다.

문: 그러나 그때 가서 있지 않았는가?

└, **답:** 실은 가지 않았었다. 그때는 숭실중학교에 근무하고 있었으므로 중학교 출근부를 조사해주기 바란다.

문: 그러나 지금 네가 가서 있었다는 사실을 진술한 이상 조사해 볼 필요는 없는데, 어떠한가?

    ┗ **답:** 결코 가지 않았다.

문: 네 처의 중매자인 안준이 너의 면전에서 지금 옥관빈(玉觀彬)과 함께 와 있었다고 말하지 않았는가?

    ┗ **답:** 그래도 가지 않았다.

문: 그 사람뿐만 아니라 너도 그때 갔었다고 진술하였다가 암살에 대한 일을 묻자, 가지 않았다고 하는데, 그것은 모순된 대답이니, 잘 생각해 보라.

    ┗ **답:** 실은 갔었다.

문: 그렇다면 숭실중학교의 출근부에 대한 진술은 어떠한가?

    ┗ **답:** 내가 되잖은 진술을 한 것이다.

문: 혹은 후에 증거로 하기 위하여 그러한 위조라도 해두지 않았는가?

  답: 그러한 일은 없다.

문: 너의 부친은 목사로 있을 뿐만 아니라 예수(교) 숭실중학교에 있다는 것을 보더라도 그런 정도의 일은 할 수 있으리라고 생각되는데, 어떠한가?

  답: 그러한 일은 없었다. 나는 그때 전적으로 선천에 가 있었다.

문: 12월 20일경에 갔었던 것처럼 진술하였는데, 훨씬 그전이 아니었는가?

  답: 20일 전이었다. 어쨌든 12월 15일부터 20일까지의 사이에 갔었다.

문: 그때 누구와 (함께) 갔었는가?

  답: 옥관빈과 갔었다.

문: 어째서 옥관빈과 갔는가?

　　ㄴ, **답:** 길에서 만나 함께 갔었다.

문: 그렇다면 갑자기 간 것인가?

　　ㄴ, **답:** 잘 생각이 나지 않는다.

문: 제일 먼저 한 일을 잊었을 리가 없다. 잘 생각해 보라.

　　ㄴ, **답:** 실은 태극서관(太極書館)에서 상의를 하였다.

문: 그것을 상세하게 진술해 보라.

　　ㄴ, **답:** 선천에 가기 4-5일 전이었다고 생각된다. 안태국(安泰國)이 태
　　　극서관으로 오라고 하여 두 번인가 세 번인가, 잘 기억나지
　　　않으나, 확실히 두 번 모여서 선전에 갔던 것이나. 옥관빈을
　　　장대현(章坮峴)의 천주 교회당이 있는 길에서 만났던바, 그가
　　　"양기탁(梁起鐸)의 심부름으로 경성(京城)에서 왔는데 모레 밤
　　　에 태극서관에 모이게 되었으니 와달라"고 말하였으므로 승낙

하고 그날 밤에 갔었다. 그때 모였던 것은, 옥관빈, 안태국, 차리석(車利錫), 안경록(安慶祿), 장응진(張膺震), 변인서(邊麟瑞), 이득환(李得煥), 나일봉(羅一鳳), 안종원(安鍾遠), 김근형(金根瀅), 오대영(吳大泳), 안병찬(安秉瓚), 옥성빈(玉成彬), 이춘섭(李春燮), 윤원삼(尹元三), 채필근(蔡弼近), 이성식(李成植), 김두화(金斗和), 김수철(金壽哲), 장순봉(蔣純奉)인가 장성봉(張成鳳), 최예항(崔叡恒), 그밖에는 알 수 없으나 아무튼 40명이 모였었다. 학생으로는 숭실, 대성(大成), 일신중학(日新中學)의 학생들이 모였다. 그때는 2층에 모였다. 거기에서는 안태국이 주동이 되어 모였던 것인데, 먼저 안태국이 "모두를 이곳에 모여달라고 한 것은 다름이 아니다, 머지않아 데라우치(寺內)가 신의주 쪽으로 오는데 어떻게 하면 살해할 수가 있을까 하는 일로 옥관빈이 경성에서 양기탁으로부터 명령을 받고 심부름을 왔기 때문이다. 이 일은 경성에서 양기탁과 윤치호(尹致昊)가 주동자가 되어 하는 것이다. 평양, 정주(定州), 선천, 의주(義州), 안주(安州) 등의 정거장에 데라우치가 들렀을 때 그곳 사람들과 공모하여 살해하는 것이다, 그것을 상의하기 위하여 정주, 선천, 의주 쪽으로 옥관빈이 가는 것이다, 이런 실정이므로 이곳에 있는 사람들도 함께 공동으로 살해하면 어떠한 가"라고 말한즉, 일동은 그렇게 하겠다고 대답하였다. 옥관빈이 "경성에서 윤치호, 양기탁, 임치정(林蚩正)", 그밖에 누구라고 말하였으나 잊었다, 어쨌든 "이 사람들이 데라우치 암살을 계획·경영하고 있어 평양, 안주, 정주, 선천, 곽산(郭山), 신의주, 경성 정거장에서 살해하기 위하여 그것을 상의하라는 명(命)을 받고 왔으니 합동하여 실행하자, 선천에도 명을 받고 가서 상의하겠다"고 말하자, 차리석이었는지 누군가가 그렇게 실행하겠다고 대답하였고, 일동도 그에 찬동하여 살해하기로 정하고 그것으로써 그날 밤은 헤어졌다. 그때 또 아무 날에 모이자는 말이 있었는데, 그 날짜는 잊었으나 2-3일 후였다. 그리하여 그날 밤 다시 태극서관에 갔더니 2층에 전에 모였던 사람들이 전부 왔었다. 그곳에서 안태국, 옥관빈이 "그렇다면 단총으로 실행하기로 하고 그 준비를 하지 않으면 안 된다"고 말한즉, 일동도 그렇게 해야 한다고 하였으며, 옥관빈이 "선천에 가는 데는 길진형이 처의 본가(本家)가 있고 여러모로 편리하니 가 달라"고 말하였고, 안태국도 "그처럼 아는 사람이 많으니 동반하라"고 하여 승낙하였다. 그 후 또 한 번 회합했던 것 같기도 하고 또 하지 않았던 것 같기도 하여 잘 기억하지 못하겠다. 그로부터 1-2일 후, 선천에 가기 위한 상의를 하러 우리 집에 와서 내일 출발하기로 정하고, 다음날 두 사람이 선천으로 출발하였다. 그것이 전에 진술한 양력 12월 15일부터 20일까지 의사이였다.

문: 여비는 어떻게 하였는가?

    └, 답: 나는 자비(自費)로 갔다.

문: 곧바로 선천으로 갔는가?

    └, 답: 곧바로 갔다.

문: 옥관빈은 경성 어느 곳에서 상의하고 왔다고 하던가?

    └, 답: 임치정의 집에서 상의했다고 하였다.

문: 윤치호 등도 임치정의 집에 와서 상의했다고 하던가?

    └, 답: 그렇게 자세히는 듣지 못하였다. 몇 사람인가가 임치정의 집에 모여 상의하였다고 말하였다.

문: 윤치호를 만나보았다고 하던가?

> **┗, 답:** 특별히 만나보았다고는 하지 않았으나, 윤치호, 양기탁, 임지정, 몇몇 사람들이 모여 상의했다고 하였다.

문: 개성(開城)에서 윤치호를 만나보았다는 말은 듣지 못하였는가?

> **┗, 답:** 그것은 듣지 못하였다. 다만 경성 임치정의 집에서 상의하였다고 들었다.

문: 윤치호의 집에 갔었다는 말은 듣지 못하였는가?

> **┗, 답:** 그것은 듣지 못하였다.

문: 양기탁의 집에서 모였었다는 것 같은 말은 듣지 못하였는가?

> **┗, 답:** 그것도 듣지 못하였다.

문: 총독이 서순(西巡)한다는 것은 어떻게 알았는가?

    답: 옥관빈이, 처음 태극서관에 모였을 때 일동에게 상의는 임치정의 집에서 하였는데 그때 이번에 데라우치가 서순한다는 것은 윤치호가 확실한 곳으로부터 들었으므로 틀림없으니 반드시 함께 실행하지 않으면 안 된다고 하였다.

문: 임치정의 집에는 몇 번이나 모였다고 들었는가?

    답: 그것은 듣지 못하였다. 다만 모여서 상의하였다고만 들었을 뿐이다.

문: 그때 이승훈(李昇薰)도 모였던 것처럼 말하지는 않던가?

    답: 윤치호, 양기탁, 임치정이 모였었다는 것만은 기억하고 있으나, 이승훈에 대하여는 기억이 없다.

문: 다른 사람은 잊어버렸는데 윤치호, 양기탁, 임치정 등 세 사람만은 어떻게 기억하고 있는가?

    답: 이 세 사람은 항상 이름을 듣고 있었으므로 기억하고 있다.

문: 어떻게 항상 들었는가?

┗ **답:** 양기탁은 매일신보(毎日申報)에 있는 유명한 사람이고, 윤치호는 동경(東京), 미국(美國) 등에도 가고 서닝한 사람이며, 임치정은 미국에 가서 여러 가지로 알려져 있는 사람이므로 알고 있었다.

문: 이때뿐만 아니라 전에도 암살에 대한 상의는 없었는가?

┗ **답:** 나는 전의 일에는 관계하지 않았으나 그러한 계획이 있었다는 것은 들었다. 그것은 처음 태극서관에 모였을 때 안태국, 옥관빈이 말하였다.

문: 무엇이라고 말하던가?

┗ **답:** "지난번에는 몇 차례나 거짓말을 한 것 같이 되어 아무런 결과도 얻지 못하였으나 이번에는 윤치호가 확실한 곳에서 들은 것이므로 틀림없다"고 하였다.

문: 윤치호가 어디에서 들었다는 이야기는 없었는가?

    답: 그것은 듣지 못하였다. 다만 옥관빈이, 윤치호가 옥관빈에게 "확실한 곳에서 들은 것이니 틀림없다"고 말했다고 하였다.

문: 그 전에 몇 번이나 암살을 계획하였다고 말하던가?

    답: 다만 지난번에도 여러 번 계획하였다고 말했을 뿐, 몇 번이라는 말은 듣지 못하였다.

문: 너도 그때 가입하지 않았는가?

    답: 한번 말한 이상 몇 번을 진술하더라도 마찬가지이지만, 그때의 일에는 관계하지 않았다.

문: 전회의 계획은 누가 주동이었다고 듣지 못하였는가?

    답: 다만 태극서관에서 먼저도 여러 차례나 듣고 있었으므로 누가 주동이었다는 말은 듣지 못하였다.

문: 그때 듣지 못했어도 그 후에라도 누군가로부터 들었을 터인데, 어떠한가?

┗ **답**: 그것은 그 후에 "선천에서도 누 번이나 정거장에 섰었으나 총독이 오지 않아 헛되이 놀아왔다. 그때도 옥관빈이 심부름 갔었다"는 것을 들었으나, 누가 수령이라는 것은 듣지 못하였다.

문: 가령 분명히 듣지는 못했다 할지라도 누군가로부터 그 정도 추측할 수 있는 말은 없었는가?

┗ **답**: 분명히 듣지는 못하였으나, 양기탁, 임치정, 윤치호가 주동자라는 것 정도의 추측은 하였다.

문: 선천의 어느 곳으로 갔는가?

┗ **답**: 총지점(總支店)으로 갔었다. 그러자 양준명(梁濬明)이 있었으므로 옥관빈(玉觀彬)이 "경성(京城)에서 윤치호(尹致昊), 양기탁(梁起鐸), 임치정(林蚩正)의 명(命)을 받고 평양(平壤)에 들러 상의하고 왔다. 그 용건은 머지않아 데라우치(寺內)가 서순(西巡)을 하는데, 그에 대하여 경성(京城), 안주(安州), 정주(定州), 곽산(郭

山), 신의주(新義州), 선천(宣川)의 동지들과 협동하여 정거장에서 살해하라는 명(命)을 받고 상의하러 온 것이다"라고 말하였다. 그러자 양준명(梁濬明)이 "그것이 좋겠다, 이곳의 동지들과도 상의하는 것이 좋겠다"고 말하였으며, 나와 옥관빈(玉觀彬)이 그곳에서 기다리고 있었더니 양준명(梁濬明)이 불러 모았다. 그때 모였던 것은, 황국일(黃菊逸), 김일준(金一濬), 선우혁(鮮于爀), 곽태종(郭泰鍾), 노정관(魯晶瓘), 안준(安濬), 양전백(梁甸伯), 강규찬(姜奎燦), 장시욱(張時郁), 홍성익(洪成益), 이용혁(李龍赫), 김익겸(金益謙), 김극행(金極行), 신효범(申孝範), 강원채(姜轅埰), 이창석(李昌錫), 차균설(車均卨), 주현측(朱賢則) 등은 알고 있다. 김석창(金錫昌)은 왔었던 것 같기도 하고 오지 않았던 것 같기도 하여 생각이 잘 나지 않으나, 아무튼 20명 정도 모였었다. 이것이 선천(宣川)의 주동자 등으로서, 양준명(梁濬明)이 "옥관빈(玉觀彬), 길진형(吉鎭亨)이 데라우치(寺內) 살해에 대한 상의를 하러 왔다"고 말하자, 옥관빈(玉觀彬)이 "경성(京城)에서 양기탁(梁起鐸), 윤치호(尹致昊), 임치정(林蚩正) 등과 상의한 끝에 명(命)을 받고 온 것인데, 도중에 평양(平壤)에서 상의하였더니 이에 동의하였으므로 왔다. 머지않아 데라우치(寺內)가 서순(西巡)을 하니 경성(京城), 평양(平壤), 안주(安州), 정주(定州), 곽산(郭山), 선천(宣川), 신의주(新義州) 사람들과 합동하여 정거장에서 살해하자는 데 대해 상의하라는 명(命)을 받고 왔다. 지난번에는 속인 것같이 되었으나 이번에는 윤치호(尹致昊)가 확실한 곳에서 들어 틀림없으므로 실행해 주기 바란다"고 말하였다. 다음에 내가 "나는 처의 본가에 오는 길에 이 일에 대한 명(命)을 받아 상의하려고 온 것이지만 확실하게 함께 실행할 상의를 해보자"고 하였다. 그랬더니 선천(宣川)의 누군가가 "이번에는 확실하냐"고 묻기에 옥관빈(玉觀彬)이 "확실하다"고 대답하였다. 그랬더니 양준명(梁濬明)이 "그렇다면 다른 동지들에게도 상의하지 않으면 안 되니 여기서는 일단 헤어지고 오늘 밤 우리 집에 모이자"고 하였다. 그때 우리들은 오전 9시경의 기차로 선천(宣川)에 오후 3시경에 도착하여 저녁에 즉시 총지점(總支店)에 모였던 것인데, 그곳에서 헤어져 나는 처의 본가로 가고 옥관빈(玉觀彬)은 양준명(梁濬明)의 집으로 갔으며, 나는 저녁을 먹은 뒤 석장동(石墻洞) 양준명(梁濬明)의 집으로 갔다. 그날 밤에 모였던 사람은 6-70명이나 되는 다수로, 그중 이름을 알고 있는 자는, 지금 진술한 자는 물론, 그밖에 이정순(李正舜), 차희선(車熙善), 최석찬(崔錫燦), 손정욱(孫廷郁), 양준명(梁濬明), 백몽량(白夢良), 김봉문(金鳳文), 박세건(朴世建), 이재희(李在熙), 김용환(金龍煥), 김용선(金龍善), 이순구(李順九), 김인도(金仁道), 김순도(金淳道), 차영준(車永俊), 이창식(李昌植), 백일진(白日鎭), 김현식(金賢軾), 이규엽(李圭葉), 선우훈(鮮于燻), 이정순(李貞淳), 나봉규(羅奉奎), 김태헌(金泰軒), 김주봉(金周鳳), 김재희(金載熙), 함계택(咸啓澤), 김성봉(金成奉), 노중승(魯重承), 이재윤(李在允), 김득찬(金得瓚), 조상옥(趙尙玉), 함영택(咸靈澤), 김창현(金昌鉉), 이성증(李成曾), 차균설(車均卨), 홍하순(洪河順), 홍국련(洪國連), 이승찬(李承燦), 김영필(金永弼), 김치을(金治乙), 길경춘(吉景春), 한경범(韓敬範), 김영선(金永善), 송국환(宋國煥), 백낙준(白樂濬), 학생은 이 정도였고, 그밖에 이봉조(李鳳朝)가 왔었다. 그밖에 정주(定州)의 최성주(崔聖柱)는 알고 있으나 그밖에 온 것은 알지 못한다. 곽산(郭山), 철산(鐵山)에서도 왔다고 하였으나 누구였는지 알지 못한다. 양준명(梁濬明)(이) 옥관빈(玉觀彬)이 온 것을 소개하고, 다음에 옥관빈(玉觀彬)과 내가 총지점(總支店)에서 말했던 것과 같은 것을 말했던 바, 일동은 그렇게 하겠다고 하였으며, 누군가가 어떻게 하면 좋겠는가 하고 물어 옥관빈(玉觀彬)이 "평양(平壤)에서는 정거장에 나가 단총으로 실행하기로 되어 그 준비 중이다, 이곳에서도 단총을 준비하는 것이 좋겠다"고 대답하였고, 양준명(梁濬明)이 "단총은 준비하고 있으나 아직 더 모으는 것이 좋겠다"고 하였다. 그때 몇 정이 있다고는 말하지 않았다. 그 전에 옥관빈(玉觀彬)이 단총을 준비하라고 말하였을 때 "이 계획에는 각 정거장에 배치하기 위하여, 또 선천(宣川)에서도 재철(財鐵)이 필요하다. 또 서간도(西間島)의 무관학교 설립 비용과 안창호(安昌浩)에게도 송금하지 않으면 안 된다. 지난번에 모은 대로 돈을 모아 달라"고 하였다. (그러자) 양준명(梁濬明)이 "그렇다면 돈을 모집하지 않으면 안 된다. 그에 관하여 단총과 재철(財鐵)을 모을 사람을 정하지 않으면 안 된다"고 하였으므로, 그러면 누구를 정할 것이냐고 하였더니, 그것에는 위원을 정하는 것이 좋겠다고 하여, 돈은 (이 자리에) 모인 사람이 재산가(財産家)에 가서 보조케 하고 만약 응하지 않는 자는 탈취해서라도 할 수 있는 데까지 모으게 하며, 단총은 황국일(黃菊逸), 김일준(金一濬), 양준명(梁濬明), 선우혁(鮮于爀), 곽태종(郭泰鍾), 홍성익(洪成益), 장시욱(張時郁), 양전백(梁甸伯), 노정관(魯晶瓘), 안준(安濬) 등 아무튼 20명 정도로 정하여 이들이 모으기로 하고 해산하였다. 다음 날 옥관빈(玉觀彬)은 의주(義州)의 동지들과 상의하기 위하여 출발하고 나는 볼일이 없어 다만 기다리고 있으면서 중학에 놀러 가기도 하며 있었더니, 옥관빈(玉觀彬)이 2-3일 지나 총지점(總支店)으로 돌아왔으며, 또 먼저 진술했던 주동자 등 스물 몇 명인가가 모이게 되어 의주(義州)의 상황을 물었더니 모두 찬성하여 실행하기로 하였다는 것이었다. 그날 밤 대명학교(大明學校)에 아무튼 200명 정도의 학생들을 모아놓고 옥관빈(玉觀彬)이 연설을 하였으며, 양준명(梁濬明)과 그밖에는 조금씩 이야기를 하였다. 그것은 학생들을 선동하는 연설이었는데, 헤어진 지 하루인가 이틀 후의 밤 중학 8반에 전에 진술했던 사람들은 물론 중학생들이 전부 모이고 그때 서양인은 윤산온(尹山溫), 나부열(羅富悅), 사락수(謝樂秀) 등 세 사람이 출석하였는데, 이제서야 생각이 난다. 처음에 선우혁(鮮于爀)이 "이 일은 윤산온(尹山溫) 등에게 지난번에도 상의한 일이므로 이곳에 와달라고 하여 함께 상의하는 것이 좋겠다"고 하였으므로 거기서 누가 데리러 갔었는지는 알 수 없으나 선교사 세 명이 왔었다.

문: 그때 양전백(梁甸伯), 강규찬(姜奎燦)이 데리러 갔었다는데, 어떠한가?

└ **답**: 그것은 알지 못한다.

문: 일동이 모여서 어떻게 하였는가?

└ **답**: 곽태종(郭泰鍾)이 "우리들 국민이 의무를 다하려고 하는 일에 있어서 머지않아 데라우치(寺內)가 온다고 하니 그를 살해하지 않으면 안 된다"고 하였고, 다음에 옥관빈(玉觀彬)이 "의주(義州)에서도 상의했던바 동의·실행하기로 되었다, 이 일은 결심·실행하지 않으면 안 된다"고 하였다. 다음에는 누군가가 이야기하였고, 윤산온(尹山溫)이 "이제까지의 수차에 걸친 계획은 모두 틀렸으나 이번에는 확실하다고 하니 결심하여 담대한 마음을 가지고 실행하라"는 간단한 연설을 하였으며, 나부열(羅富悅)과 사락수(謝樂秀)는 아무 말도 하지 않았던 것으로 생각된다. 그리하여 일동은 확실히 하겠다고 대답하고 헤어졌다.

문: 그때 출석한 사람은 윤산온(尹山溫)과 나부열(羅富悅)뿐이었다는데, 어떠한가?

    └ 답: 처음에 윤산온(尹山溫)이 출석하였고 잠시 있다가 나무열(羅富悅)과 사락수(謝樂秀)가 함께 왔었다.

문: 이 세 명은 언제까지 있었는가?

    └ 답: 해산하기 조금 전에 돌아갔다.

문: 몇 시간 정도나 있었는가.

    └ 답: 두 시간 정도 있었다.

문: 그리고 나서 어떻게 하였는가.

    └ 답: 또 2-3일 후 6-70명이 석장농(石墻洞) 양준녕(梁濬明)의 집에 모였다. 그때도 정주(定州), 곽산(郭山), 철산(鐵山) 등지의 사람들이 모였으며, 또 옥관빈(玉觀彬)과 의주(義州)에서 동반해 온

사람도 출석하였다. 그때 그 동반자 중 확실히 알고 있는 사람은 김기창(金基昌) 한 사람이다. 전의 회합 때에는 주로 선천(宣川) 사람들이었으나 이번에는 각 군의 동지들이 모여 공동으로 실행하자는 상의를 하였다. 의주(義州) 사람들은 신의주(新義州) 정거장으로, 곽산(郭山) 사람들은 곽산(郭山) 정거장으로, 정주(定州)와 철산(鐵山)은 선천(宣川)으로 올 것, 용천(龍川)은 신의주(新義州)로 올 것 등을 정하였으며, 그리고 나서 황국보(黃菊補), 김일준(金一濬)이 단총의 수를 보고하였으나 그 수는 잊었다. 하여간 많은 숫자였다. 또 재철(財鐵)을 각 군으로부터 가지고 와서 그 가지고 온 각 군의 사람이 금액을 보고하였고, 양준명(梁濬明)이 합계를 보고 하였다. 금액은 잊었으나 수천 원이었다. 그리하여 담대하게 실행하자고 하고 헤어졌으며, 그다음 날인가 다음다음 날인가 황해도로부터 스물 몇 명이 와서 기숙사에 묵었던 것으로 생각된다. 그리하여 그날 밤에 또 중학 8반에 모였다. 그때 모였던 것은 선천(宣川) 사람 전부와 거기에 황해도 사람들을 합하여 8-90명이었다. 거기서 성명은 알 수 없으나 황해도 사람이 "경성(京城)의 명령이라 하여 매우 급히 왔는데 대체 총독은 언제 오는 것이냐"라고 하므로 양준명(梁濬明)인가 누군가가 "선천(宣川)에서도 준비는 하고 있으나 언제 올지 모르겠다"고 한 즉 "그렇다면 평양(平壤)으로 가서 상의하고 오겠다"면서 몇 사람인가는 남기고 몇 사람인가를 데리고, 다음날 평양(平壤)으로 출발하였다.

문: 그날 밤 주동자 등이 8반에 남아서 무엇인가를 상의한 일은 없는가?

└, 답: 있었다. 정거장에서 실행한다는 상의였는데, 그때는 "중학생들이 가고 그 밖의 사람들은 학생들과 같이 환영하는 체하고 가서 실행하자" 그것에 있어서는 선우혁(鮮于爀)이었다고 생각된다. "학생들이 확고한 마음을 갖도록 하지 않으면 안 되므로 확실히 결심하도록 서양인으로 하여금 특별히 권유해 주자"고 하였던바, 일동이 동의하여 양준명(梁濬明), 선우혁(鮮于爀), 곽태종(郭泰鍾), 김일준(金一濬), 장시욱(張時郁), 홍성익(洪成益), 강규찬(姜奎燦), 양전백(梁甸伯), 이용혁(李龍赫), 안준(安濬), 차균설(車均卨), 아마도 10명 정도로서 윤산온(尹山溫)에게 상의하기로 하고 헤어졌으며, 다음 날 황해도 사람들이 평양(平壤)으로 출발한 날 교장실에서 윤산온(尹山溫)에게 상의했다는 것이었다.

문: 황해도 사람들이 와서 8반에 모였던 (날) 밤에 서양인은 출석하였는가?

└, 답: 윤산온(尹山溫)과 나부열(羅富悅)이 출석하였으며, 윤산온(尹山

溫)이 "이번에 총독이 올 때는 기회를 잃지 말고 합동·결심하여 실행하라, 학생들도 또한 합동하여 환영하는 체하고 실행하라. 다른 군 사람들부터 칭찬을 받고 만일 실패한다면 부끄러운 일이니, 결심·실행하라"고 말하였다. 그것은 그날 밤 황해도 사람이 "선천(宣川)은 개명(開明)한 곳이라고 들었는데, 와서 보니 정돈이 (잘) 되어 있고 이번 일도 반드시 실행할 수 있을 것이라"고 칭찬한 때문이었다. 나부열(羅富悅)도 또한 윤산온(尹山溫)과 같은 이야기를 하였다.

문: 그다음 날은 어떻게 하였는가?

└, **답:** 그날은 윤(尹) 교장에게 학생들을 선동해 줄 것을 부탁하였다.

문: 그다음 날은 어떻게 하였는가?

└, **답:** 윤산온(尹山溫), 나부열(羅富悅)이 그날 오후 시간 중 8반에 교사, 학생 전부를 모이게 하여 나와 옥관빈(玉觀彬)도 출석하였는데, 윤산온(尹山溫)이 "사람은 일을 하는 데는 견고한 마음을 가지고 결과를 볼 때까지 실행하지 않으면 안 된다. 입

만 가지고는 아무 일도 할 수 없다. 옛날 유태의 백성 중 다윗이라고 하는 사람이 있었다. 이 다윗은 작은 사람이었으나 돌로 대장을 타살하였다. 의사(意思)가 견고하므로 할 수 있었다. 일을 할 때는 이와 같이 결과를 볼 때까지 하지 않으면 안 된다"는 구약전서 사무엘상(上)에 있는 예(例)를 들며 확실하게 하라고 하여 일동은 그렇게 하겠다고 대답하였다. 다음에는 나부열(羅富悅)이 "무슨 일이라도 계획한 이상 달성하여 결과를 볼 때까지 실행하자"고 하여 일동은 반드시 목적을 달성할 결심을 가지고 하겠다고 대답한 후 헤어졌다. 그날 밤 또 8반에 8-90명이 모이고 윤산온(尹山溫), 나부열(羅富悅)이 출석하였는데, 처음에 나부열(羅富悅)이 "아직 목적은 달성하지 못했으나 모두 열심인 결과 점차 진보해 가고 있으니, 목적을 달성하였다고 생각하고 기뻐하라"고 말했고, 다음에 곽태종(郭泰鍾)이 "아직 목적은 달성하지 못했으나 우리들의 목적은 어디까지나 목적을 달성하지 않으면 그치지 않을 결심으로 계획·실행하라"고 하였으며, 다음에 선우혁(鮮于爀)도 그러한 취지를 말했다. 다음으로 곽태종(郭泰鍾)이 나에게 "영어로 찬미가를 불러 보라"고 하여 불렀는데, 옥관빈(玉觀彬)도 내가 영어 찬미가를 부르기 전에 "담대한 마음을 가지고 결과를 볼 때까지 실행하지 않으면 안 된다"는 것을 말하였으며, 그리고 나서 나였고, 다음에 윤산온(尹山溫)이 "사람은 시일이 경과하면 마음이 풀어져 버리는 것인데 적어도 계획한 일은 결과를 볼 때까지 자진하여 실행하라"고 말하여 일동은 해산하였다. 그러자 그다음 날 평양(平壤)에 갔던 황해도 사람들과 안태국(安泰國)이 20명 정도를 데리고 와 기숙사에 몇 명인가는 묵었다. 그리하여 그날 밤에 또 8반에 100여 명이 모였는데, 그때 윤산온(尹山溫)과 사락수(謝樂秀)가 출석하였으며, 나부열(羅富悅)은 출석했던 것 같기도 하고 하지 않았던 것 같기도 하여 잘 기억할 수 없다. 거기서 양준명(梁濬明)이 "평양(平壤), 황해도 등 각지로부터 온 이상 합동하여 실책이 없도록 반드시 실행하자"고 말했고, 안태국(安泰國)은 "평양(平壤)에서도 실행하기로 상의가 되었다, 선천(宣川)에서도 합동하여 실행하는 이상 결심하여 결과를 볼 때까지 실행하자. 이승훈(李昇薰)도 뒤이어 납청정(納淸亭)의 동지들을 데리고 온다. 데라우치(寺內)는 내일 내려온다고 하니 이승훈(李昇薰)의 일행과 합동하여 실행하자"고 하였으며, 다음에 곽태종(郭泰鍾), 선우혁(鮮于爀), 옥관빈(玉觀彬), 장시욱(張時郁), 양전백(梁甸伯) 등이 뒤이어 "납청정(納淸亭)에서도 오는 이상 합동·실행하여 결과를 보자"는 것 같은 의미의 말을 하였다. 윤산온(尹山溫)은 "각지로부터 다수가 모였는데 앞서 이야기한 대로 결과를 볼 때까지 하며 도중에 중지해서는 안 된다"고 말했고, 사락수(謝樂秀) 역시 결과를 볼 때까지 실행하여 도중에서 중지해서는 안 된다는, 윤산온(尹山溫)에 찬성하는 연설을 하였으며, 그리고 나서 내일은 학생들과 같이 정거장에 가기로 하고 곽태종(郭泰鍾), 선우혁(鮮于爀)이 학생 중 단총을 나누어줄 담대한 자를 4-50명 정하고 정거장에서는 기차 소리를 듣거든 즉시 단총을 잡아 쥐고 준비하기로 정하고 나서 해산하였다. 다음 날 아침 농지 일동을 8반에 모아놓고, 장시욱(張時郁)이었다고 생각된다. 그가 학생 중에서 단총을 나누어 줄 자의 성명을 불러 7반에서 단총을 나누어 주었다. 그때 7반에는 윤산온(尹山溫), 곽태종(郭泰鍾), 선우혁(鮮于爀), 홍성익(洪成益), 양준명(梁濬明), 김일준(金一濬), 옥관빈(玉觀彬), 이용혁(李龍赫), 강규찬(姜奎燦), 안준(安濬), 양전백(梁甸伯), 노정관(魯晶瓘), 나, 아무튼 20명 정도 있었다.

문: 그때 윤산온(尹山溫)은 어디쯤 있었는가?

└ **답:** 흑판 앞에 있었던 것으로 생각된다.

문: 단총은 어떤 형(形)이었던가?

└ **답:** 거무스름한 단총을 보았다.

문: 너는 어떻게 하였는가?

> **└, 답:** 나는 곽태종(郭泰鍾)으로부터 거무스름한 5연발로서, 5발이 들어있는 단총을 받았다.

문: 옥관빈(玉觀彬)은 어떠했는가.

> **└, 답:** 역시 거무스름한 단총을 곽태종(郭泰鍾)에게서 받았던 것으로 생각된다.

문: 그곳에서 단총을 받은 자 중 네가 알고 있는 자는 누구인가?

> **└, 답:** 단총을 가지고 갔던 사람은 곽태종(郭泰鍾), 선우혁(鮮于爀), 홍성익(洪成益), 장시욱(張時郁), 김용환(金龍煥), 이용혁(李龍赫), 차균설(車均卨), 이순구(李順九), 백몽량(白夢良), 신효범(申孝範), 나봉규(羅奉奎), 김인도(金仁道), 김극행(金極行), 김익겸(金益謙), 강원채(姜轅埰), 안준(安濬), 양전백(梁甸伯), 노정관(魯晶瓘), 김용선(金龍善), 김현식(金賢軾), 차영준(車永俊), 김재희(金載熙), 이재윤(李在允), 차희선(車熙善), 김치을(金治乙), 이창식(李昌植), 김순도(金淳道), 손정욱(孫廷郁), 백일진(白日鎭), 이정순(李貞淳), 김태헌(金

泰軒), 김득찬(金得瓚), 최서찬(崔瑞燦), 홍국련(洪國連), 선우훈(鮮
于燻), 이영찬(李永燦), 조상옥(趙尙玉), 함영택(咸靈澤), 차균상(車
均尙), 길경춘(吉曔春), 홍하순(洪河順)만은 알고 있다.

문: 단총을 나누어 주고 나서 어떻게 하였는가?

답: 그날 이승훈(李昇薰)이 납청정(納淸亭)에서 다수, 아마 3-40명
을 데리고 와 8반에서 서로 인사를 하고 그로부터 일동은
정거장으로 갔다. 그때는 구내에 들어간 사람도 있었고 들
어가지 못한 사람도 있었으며 나는 정거장 밖 울타리가 있
는 곳에 있었는데, 기차가 와서 잠시 정거하였으나 총독은
하차하지 않은 채 출발해 버렸으므로 헛되이 돌아왔다. 그
날 밤 중학 8반에, 그때가 가장 많아 약 200명이 모였으며,
외국인은 윤산온(尹山溫)과 나부열(羅富悅)이 출석하여 "오늘은
총독이 하차하지 않아 부득이하였으나 내일 돌아올 때는 반
드시 실행하라. 총독을 알지 못하는 사람이 많으므로 내가
악수를 할 터이니 그 악수하는 자를 총독이라 보고 실행하
라"고 말하였고, 나부열(羅富悅)은 윤산온(尹山溫)과 같이 "내
일은 반드시 실행하라"고 말하였으며, 다음에는 양준명(梁濬
明)이 "오늘은 하차하지 않아 기회를 얻지 못했다. 내일은 반
드시 실행하라"고 말했고, 옥관빈(玉觀彬)은 "오늘 이루지 못

했다 하여 낙담하지 말고 내일은 결심·실행하라"고 말하였으며, 이승훈(李昇薰)은 "오늘은 기회를 얻지 못해 목적을 달성하지 못하였다. 내일은 결심·실행하지 않으면 안 된다. 이것은 내 자유가 아니라 경성(京城) 윤치호(尹致昊), 양기탁(梁起鐸), 임치정(林蚩正) 등의 명령이다. 윤치호(尹致昊), 양기탁(梁起鐸)은 13도(道)의 대표자로서 명령한 것이므로 13도의 명령이라 생각하여 이 명령을 위배하지 말고 반드시 실행하지 않으면 안 된다"고 말했고, 안태국(安泰國)도 "오늘은 실패했으나 전국의 명령을 위배해서는 안되므로 반드시 실행하자"고 말하여 그날 밤은 그것으로 헤어졌다.

문: 다음 날 어떻게 하였는가?

답: 다음 날 아침 일동은 학교에 모였는데, 단총은 그 전날 밤에 반환하여 두었으므로, 전날 윤산온(尹山溫)을 비롯한 7반에 모여서 나누어 주었던 자들이 모여 전날 나누어 준 사람들에게 또 단총을 나누어 주었다. 나는 그때도 곽태종(郭泰鍾)으로부터 거무스름한 단총을 받았으며, 학생들은 열(列)을 지어 가고 나는 교사들과 같이 학생들의 옆에 붙어 정거장 구내 승강장으로 갔고 학생은 정렬하였으며, 나는 학생들의 선두인 의주(義州) 쪽 윤산온(尹山溫), 교사 등이 있는 곳에 있

었다. 그러자 기차가 와 정거하고 총독이 하차하여 평양(平
壤) 쪽 일본인이 있는 곳으로 갔다가 신의주(新義州) 쪽에 있
는 학생들의 앞을 지나왔던바, 윤산온(尹山溫)이 약간 앞으로
나가 총독과 악수하고 종녹은 되돌아와서 기자에 올라 무
사히 출발하였으므로 목적을 달성하지 못해 참으로 유감이
었다.

문: 그때 너는 어떻게 하였는가?

└ **답:** 조끼 왼쪽 아랫주머니에 넣어 가지고 가서 기차 소리를 듣
고 오른손을 두루마기 오른쪽 구멍으로 넣어 단총을 잡아
쥐었는데, 물론 암살할 결심이었으나 총독에게는 많은 수행
자가 있었고 순사도 있어 경계가 엄중하였으므로 이루지 못
하였다.

문: 어째서 뛰어나가지 못하였는가?

└ **답:** 경비가 엄중하여 기회를 엿보고 있을 동안 총독이 출발해
버렸던 것이다.

문: 그리고 나서 어떻게 하였는가?

답: 윤산온(尹山溫), 나부열(羅富悅)이 (정거장에) 갔었는데, 사락수(謝樂秀)도 갔었는지 기억이 없으나 총독과 악수한 것은 윤산온(尹山溫) 외에는 기억할 수 없다. 윤산온(尹山溫), 나부열(羅富悅)은 그때 사방을 돌아보며 빨리 실행하지 않으냐는 듯한 암시적 거동을 하였으나 경계가 엄중하여 마침내 기회를 잃고 할 수 없이 돌아와 그날 밤 학교에 일동이 모였는데, 그날 밤은 윤산온(尹山溫) 한 사람만 출석하여, 일동은 실패한 것을 탄식하였으나 낙담하지 말고 다시 기회를 얻어 실행하자고 약속하였고, 윤산온(尹山溫)도 "성사하지 못하여 유감이나 낙담하지 말고 기회를 얻어 다시 실행하라"고 말하고 나서 헤어졌다.

문: 그때 나부열(羅富悅)도 출석하였다는데, 어떠한가?

답: (그렇게) 물어보니 출석했던 것 같기도 하나 확실히 생각이 나지 않는다.

문: 그다음 날에는 어떻게 하였는가?

∟ 답: 그날 밤 또 일동이 8반에 모였는데 그때는 윤산온(尹山溫) 한 사람만이 출석하였으며, 옥관빈(玉觀彬), 양준닝(梁濬明), 선우혁(鮮于爀), 곽태종(郭泰鍾) 등이, 계획한 목적은 이루지 못하였으나 낙담하지 말고 금후 계속하여 기회를 얻어 다시 실행하자고 모두가 같은 연설을 하였고, 윤산온(尹山溫)도 "낙담해서는 안 된다. 계속하여 목적을 달성하자"고 말하여 그것으로 헤어졌다. 또 그다음 날 밤에도 일동은 8반에 모였는데, 과자와 냉면의 대접이 있었으며, 이승훈(李昇薰)이 "목적은 달성하지 못하였으나 목적을 달성한 독립의 잔치라 생각하여 먹고 기분 좋게 헤어져 달라"고 말했으며, 윤산온(尹山溫), 나부열(羅富悅)이 출석하였는데, 사락수(謝樂秀)도 출석했던 것으로 생각되나 그것은 잘 기억나지 않는다. 윤산온(尹山溫)도 "목적은 달성하지 못했으나 달성했다는 마음을 가지고 기분 좋게 들어달라"고 말했고 나부열(羅富悅)도 같은 내용을 말했던 것으로 기억하고 있다. 그리고 나서 일동은 음식을 먹고 서로 이야기하였으며, 서양인도 음식을 먹고 해산하였다. 다음 날 다른 곳에서 온 사람들은 귀로에 올랐는데, 옥관빈(玉觀彬)은 나보다 먼저 돌아갔고, 나는 양력 1월 2일인가 3일에 귀가하였으며 태극서관(太極書館)이나 평양(平壤)에서도 일신(日新), 대성(大成), 숭실(崇實) 중학의 학생 몇 명과 그밖에 상의를

한 몇 명으로써 정거장에 갔으나 경비가 엄중하여 기회를 잃고 말았다는 말을 차리석(車利錫)이었는지 김두화(金斗和)였는지 아무튼 (이) 두 사람으로부터 들었다.

문: 황해도에서 왔던 동지 중 누구를 알고 있는가?

ㄴ **답:** 이승길(李承吉) 외에는 알지 못한다.

문: 평양(平壤)에서 온 자는 어떠한가?

ㄴ **답:** 안태국(安泰國) 이외에는 알지 못한다.

문: 평양(平壤) 정거장으로 갔던 주동자는 누구라고 들었는가?

ㄴ **답:** 차리석(車利錫), 장응진(張膺震), 송종운(宋鍾運), 변인서(邊麟瑞), 이득환(李得煥), 이춘섭(李春燮), 나일봉(羅一鳳), 김근형(金根瀅)만은 알고 있다.

문: 평양(平壤) 정거장에는 몇 명 정도가 갔다고 들었는가?

> **└ 답:** 숭실(崇實), 대성(大成), 일신학교(日新學校) 학생 중 몇 명과 그 밖의 사람 몇 명인가가 갔다고만 늘었을 뿐, 숫자는 듣시 못하였다. 하여간 우리들이 선천(宣川)에 가기 전에 태극서관(太極書館)에 모여 상의했던 사람은 전부 갔었다.

문: 네가 선천(宣川)에 갔던 것은 양력 12월 15일부터 20일 사이였다고 했는데, 며칠인지 확실히 모르는가?

> **└ 답:** 12월 16-7일경이었다.

문: 처음으로 중학 8반에 모이고 윤산온(尹山溫), 나부열(羅富悅), 사락수(謝樂秀)가 출석하여 상의한 것은 양력 12월 20일경이라는데, 어떠한가?

> **└ 답:** 그 무렵이었다.

문: 대명학교(大明學校)의 연설회는 그 전인 19일이라는데, 어떠한가?

> **└ 답:** 전날이었는지도 모르겠다.

문: 양준명(梁濬明) 집에서의 두 번째 회합은 12월 23일이었다는데, 어떠한가?

　└**답:** 그 무렵이었다.

문: 황해도로부터 온 것은 그다음 날인 24일로서 그날 밤 중학 8반에 모였고, 그다음 25일이 네가 말하는 교장실에서 학생 선동에 관한 것을 부탁한 날에 해당하는 것 같은데, 어떠한가?

　└**답:** 그 무렵이었다.

문: 윤산온(尹山溫), 나부열(羅富悅)이 교사, 학생들을 8반에 모아놓고 성서 다윗의 예를 인용하며 결심·실행하라고 한 것과 그날 밤 또 8반에 모여 네가 영어로 찬미가를 부른 것은 12월 26일에 해당하는 것 같은데, 어떠한가?

　└**답:** 그 무렵이다.

문: 평양(平壤)으로부터 안태국(安泰國)과 황해도 사람들이 온 것은 다음 27
일이었는가?

    └, 답: 그렇다.

문: 총독이 경성(京城)으로부터 의주(義州)로 선천(宣川)을 통과한 것은 12월
28일, 신의주(新義州)로부터 평양(平壤)으로 선천(宣川)을 통과한 것은 다
음 12월 29일인데, 네가 암살을 위해 정거장에 갔던 것은 그날에 해당하
는 것인가?

    └, 답: 그렇다.

문: 윤산온(尹山溫)이 암살의 모의에 출석한 것은 12월 20일인가 21일에 한
번, 12월 24일에 한 번, 12월 26일에 학생·교사들에게 결심·실행하라고
권고하고 그날 밤 또 출석하였으며, 다음 날부터 12월 31일까지 매일 밤
출석하였다는 것인가?

    └, 답: 그렇다.

문: 그렇다면 아홉 번 출석하고 12월 25일에는 주동자 등으로부터 교장실에서 학생 선동을 부탁받았다는 것인가?

└, **답**: 그렇다.

문: 또 나부열(羅富悅)은 12월 20일인가 21일의 밤, 24일 밤, 26일에는 밤과 낮, 28일 밤, 30일 밤 등 다섯 번 출석하고, 또 그밖에 29일 밤에도 출석했던 것으로 생각된다는 말인가?

└, **답**: 그렇다.

문: 사락수(謝樂秀)는 12월 20일인가 21일 밤에 한 번, 27일 즉 총독이 경성(京城)으로부터 신의주(新義州)로 가던 전날 밤에 한 번, 도합 두 번 출석하고, 또 30일 밤에도 출석했던 것 같이 확실치는 않으나 기억하고 있다는 것인가?

└, **답**: 그렇다.

문: 네가 정거장으로 가지고 갔던 단총은 어떻게 하였는가?

  답: 정거장에서 돌아와서 곧 곽태종(郭泰鍾)에게 반환하고 그 단
  총은 황색 성냥 상자에 넣어 우리들이 체포되어 오기까지는
  중학 2층 8반의 위에 두었다. 그것은 홍성익(洪成益), 곽태종
  (郭泰鍾)이 감독하고 김현식(金賢軾), 이규엽(李圭葉)이 보관하고
  있었다.

문: 그 상자 속에는 단총이 몇 정 있었는가?

  답: 50 몇 정인가 있었다. 잘 모르겠다.

문: 그 후 또 총독 암살에 대한 상의는 없었는가?

  답: 있었다. 그것은 처음에 5반에서 4-5회, 8반에서 두 차례인가
  세 차례 모여서 상의하였다.

문: 그 제일 첫 번째는 언제였는가?

　ㄴ 답: 작년 양력 10월 10일경이었다.

문: 5반에서의 회합에는 항상 누가 모였는가?

　ㄴ 답: 선우혁(鮮于爀), 곽태종(郭泰鍾), 홍성익(洪成益), 장시욱(張時郁), 강규찬(姜奎燦), 최용화(崔容化), 나 등 교사들, 양준명(梁濬明), 차균설(車均卨), 이용혁(李龍赫), 양전백(梁甸伯), 노정관(魯晶瓘), 이정순(李正舜), 강원채(姜輓埰), 이창석(李昌錫) 등 하여간 15-6명이 모였었다.

문: 무엇을 하느라 (그와 같이) 4-5회나 모였는가?

　ㄴ 답: 이 다섯 번 모두 교사 이외의 사람들이 모였던 것이 아니고, 또 암살에 대한 상의를 하기 위해서만 모였던 것도 아니며, 학생의 출석, 그 밖의 조사를 위해 모였던 것이나 그때마다 암살에 관한 상의도 했던 것이다. 더욱이 그중 두 번은 외부의 사람들도 왔었으므로 그때는 살해에 관한 상의는 하지 않았다.

문: 어떠한 상의가 있었는가?

답: 첫 번째 모였을 때는 양준명(梁濬明)이 "데라우치(寺內) 총독이 이번에 압록강 철도 개통식에 임석한다고 하니 그때 암살하면 어떻겠는가, 이 일은 알지 못하는 사람이 있으므로 말하겠는데, 이달 초순경 유동열(柳東說)이 우리 집에 와서 이번에 데라우치(寺內) 총독이 압록강 (철교) 개통식에 오므로 그때 살해하자고 상의하였다. 윤치호(尹致昊)와 유동열(柳東說)이 (미리) 상의하여 유동열(柳東說)이 이곳에 왔던 것이다. 어떻게 하면 좋겠느냐"고 묻기에, 일동은 살해하자고 (하였다). "그러나 이정순(李貞淳), 나봉규(羅奉奎), 김태헌(金泰軒) 등이 체포되었으니 어떻게 하면 좋겠느냐"고 곽태종(郭泰鍾)이 말한즉, 선우혁(鮮于爀)이 "체포되었다 하더라도 주의만 한다면 상관없다"고 하므로 실행하기로 정하고 헤어졌다. 그로부터 3-4일 후 또 일동이 모였는데, 양준명(梁濬明)이 "앞서 상의하였으나 학생 중 체포된 자가 있어 걱정하고 있는 사람들도 있을 것인데 충분히 주의하면 지장 없다. 특히 유동열(柳東說)이 와서 상의한 것이므로 반드시 실행하자"고 한즉, 일동은 "그렇다면 실행하자. 그러나 우리들만으로 상의하지 말고 모든 동지와 모여 상의하자"고 하여 그 2-3일 후에 모였던 것이다. 교사들만 상의한 것은 이 전후 세 번 정도로, 8반에는 학생 전부가 모였고 지금 진술한 자는 물론

출석하였으며, 외국인은 윤산온(尹山溫) 한 명이 출석하였는데 처음에 양준명(梁濬明)이 "경성(京城)에서 윤치호(尹致昊), 유동열(柳東說)이 상의한 결과 유동열(柳東說)이 와서 이번 압록강 (철교) 개통식에 총독이 오니 살해하자고 상의하였는데, 어찌하는 것이 좋은가"라고 묻자, 홍성익(洪成益)인지 장시욱(張時郁)인지가 "이 실행은 대단히 잘 되었지만 이미 학생 3명이 체포되었다. 어찌할까"하고 물은 즉, 또 강규찬(姜奎燦)이 었는지가 "3명의 학생이 체포된 실정이므로 도저히 어렵다"고 말하였다. 다음에 장시욱(張時郁)이 "그렇지만 유동열(柳東說)이 와서 상의한 것이므로 반드시 실행하자"고 말하였고, 양준명(梁濬明), 곽태종(郭泰鍾), 선우혁(鮮于爀) 등이 "이번에 좋은 기회를 얻었다. 특히 유동열(柳東說)이 말해 온 것이다. 반드시 실행하자"고 말하였으며, 윤산온(尹山溫)은 "바라는 것이 있어 끝까지 바라고 있는 바를 마음속에 간직하고 있으면 언젠가는 그 바라는 것을 이룰 수 있는 것이니 될 수 있는 대로 계속하라"고 말했고, 일동은 "대단히 좋다. 지당한 이야기이니 실행하자. 그러기 위하여는 다시 모여서 상의하자"고 약속하고 헤어졌다. 그때 학생은 전부 모였고 그 밖의 동지를 합하여 130명 정도가 모였었다. 그로부터 3-4일 후 또 이 동지들 전부가 8반에 모였는데, 양준명(梁濬明)이 "이번에는 좋은 기회이므로 행복하다. 반드시 먼저 상의한 대로 실행해야 할 것이 아닌가"라고 말한즉, 장시욱(張時郁)

이 "그렇지만 전번에 실패하여 학생들은 낙담하고 있는데 낙담만 하지 말고 충분히 결심하여 실행하자"고 주장하여 일동은 동의하였다. 양준명(梁濬明)이 "이전에는 수가 많아 서로 양보하느라고 이루지 못했다. 이번에는 저음에 착수할 자를 몇 명인가 정하는 것이 좋겠다"고 주장하므로 일동은 그것이 좋겠다고 대답하였다. 그로부터 지원자는 교장실에 신청하기로 하고 또 모여 상의하기로 되었는데, 그때도 윤산온(尹山溫)이 출석하여 "기회는 한 번 얻는다는 것이 매우 힘든 것이다. 기회를 얻었을 때는 실행하지 않으면 안 된다"라고 하자 일동은 대단히 좋다고 하며 헤어졌는데, 그로부터 5-6일 지나자 교사와 학생들이 다수 체포되었으며 나도 그 한 사람이었으므로 그 후의 일은 모른다.

문: 이들의 회합은 낮이었는가, 밤이었는가?

답: 모두 밤이었다.

문: 그러니까 유동열(柳東說)은 작년 10월 초에 양준명(梁濬明)의 집에 와서 윤치호(尹致昊)와 상의한 결과 철교 개통식에 총독이 오니 암살하자고 상의하여 그 결과 10월 10일경 주동자만 중학 5반에 모여 상의한 것이 처음인가?

　└, **답:** 그렇다.

문: 다시 5반에서 상의한 것이 그 3-4일 후라고 말하는 것은, 10월 13-4일경의 일인가?

　└, **답:** 그렇다.

문: 8반에 약 130명이 모이고 윤산온(尹山溫)이 출석하여 상의한 것은 그 3-4일 후라고 한다면 10월 17-8일경인가?

　└, **답:** 그렇다.

문: 또 3-4일 후 다시 8반에 모였다면 그것은 10월 20일이나 21일경인가?

　└ **답:** 그렇다.

위를 읽어 들려주었던 바, 틀림없다는 뜻을 진술하다.

길진형

작성일: 메이지 45(1912)년 2월 14일 경무총감부에서
신문자: 사법경찰관 조선총독부 경시 구니토모 쇼켄(國友尙謙)
통역: 사법경찰관 조선총독부 통역관 와타나베 다카지로(渡邊鷹次郎)

길진형 신문조서[236]

(吉鎭亨 訊問調書)(제2회)

문: 너는 전회에 (진술한 것) 외에 (더) 진술할 것은 없는가?

└ **답**: 생각이 나지 않는다.

문: 옥관빈이 경성에서 상의하고 온 것을 태극서관 이외에서 상세히 들은 일
이 실제 없었는가?

└ **답**: 태극서관에서 그가 말한 전말에 대해서는 이미 진술하였으
며, 기차 속에서는 그렇게 상세한 이야기는 물론 하지 않았
다. 또 총 지점에 도착하였을 때의 상의 및 그날 밤 양준명
의 집에 모였을 때 옥관빈이 이야기한 것, 또 내가 말한 사
실은 틀림없이 이미 진술하였으나, 이제 한 가지 진술하지
못한 것은, 옥관빈이 선천에서 의주로 갔다가 돌아와 총 지

---

236) 국사편찬위원회 한국사데이터베이스, 『한민족독립운동사자료집, 105人事件訊問調書 I』
(https://db.history.go.kr/modern/compareViewer.do?levelId=hd_003_0500_0010).

점에 모이고 대명학교(大明學校)에서 연설하던 날, 아직 대명학교에 가기 전이었다고 생각된다. 옥관빈이, 모인 횟수는 듣지 못하였으나 "몇 번인가 임치정의 집에서 윤지호, 양기탁, 임치정 등과 모여 상의하고 평양으로 돌아가던 도중 개성에 들러 다시 윤치호를 만난 그때 윤치호가, 지난번에 경성에서도 이야기한 것이나, 이번 데라우치의 서순은 확실하므로 네가 가서 평양, 정주, 곽산, 선천, 의주의 동지들과 잘 협의하여 살해하라고 해서 온 것이라"고 이야기하는 것을 들었다.

문: 그 이야기를 (할) 때 너 외에 누가 있었는가?

    답: 양준명은 있었고, 그밖에 두세 명, 아마도 차균설(車均卨)은 있었던 것으로 생각된다.

문: 옥관빈(玉觀彬)은 평양(平壤), 선천(宣川), 의주(義州)의 동지들과 상의할 것을 명령받은 곳이 경성(京城)이라고 하던가? 개성(開城)이라고 하던가?

    답: 경성(京城) 임치정(林蚩正)의 집에서 명(命)을 받은 것이나 다시 도중에 개성(開城)에 들렀을 때 다시 명(命)을 받은 것이라고 말하였다.

문: 개성(開城)에는 무엇 하러 들렀다고 하던가?

    └, 답: 특별한 볼일은 없었으나 잠깐 윤치호(尹致昊)를 만나고 돌아가려고 생각하여 들렀다가 다시 명(命)을 받은 것이라고 하였다.

문: 너는 유동열(柳東說)을 알고 있는가?

    └, 답: 전회에는 양준명(梁濬明)의 집에 와서 상의하였던 것같이 진술하였으나, 실은 그때 유동열(柳東說)이 신성중학교(信聖中學校)에도 들러 처음으로 인사를 했던 것이다.

문: 뭐라고 하면서 인사를 하였는가?

    └, 답: 특별히 명함 등을 내놓지는 않았으나, 서로 이름을 말하면서 8반에서 인사하였다.

문: 그때 유동열(柳東說)은 중학에 무엇 하러 왔었는가?

    └, 답: (칠교) 개통식 때의 총독 살해 건을 권유하기 위해 왔던 것이다.

문: 그렇다면 그 이야기를 하였는가?

┗ 답: 8반에 교사, 학생 전부 160-70명을 모아놓고 외국인은 윤산온(尹山溫)만 줄석하여, 유동열(柳東說)이 일동에게 "이선의 세획은 기회를 얻지 못하였으나 그 때문에 낙담하여 중지해서는 안 된다. 데라우치(寺内) 총독이 이번에 개통식에 임석하므로 좋은 기회이니 반드시 살해를 계획하라"고 말하였는데, 그 정도의 이야기로서 따로 지난번 일에 대해서는 말이 없었으며, 아마도 잠깐 10분 정도의 연설을 하여 일동은 찬성하고 헤어졌다.

문: 그때 유동열(柳東說)은 학교에 오래 머물러 있었는가?

┗ 답: 왔다가 돌아갈 때까지 1시간도 못 되었다.

문: 유동열(柳東說)이 연설했을 때 윤산온(尹山溫)은 무엇인가 말하지 않았는가?

┗ 답: 윤산온(尹山溫)이 "이전의 계획도 주동사의 명령이었다. 이번에도 유동열(柳東說) 씨(氏)가 와서 명령하는 이상 반드시 실행하라"고 말하였다.

문: 그때 유동열(柳東說)은 특별히 누구한테서인가 명령을 받았다는 것은 말하지 않던가?

┗, **답:** 특별히 명령을 받았다는 것은 말하지 않았으나, 이 일은 윤치호(尹致昊)와도 상의하고 온 것이라고 말하였다.

문: 유동열(柳東說)은 학교에 누구와 함께 왔던가?

┗, **답:** 양준명(梁濬明)과 왔었다. 돌아갈 때도 함께 갔다.

문: 다른 사람들은 어떻게 하였는가?

┗, **답:** 그것은 보지 못하였으나, 정거장에는 양준명(梁濬明), 차균설(車均卨), 곽태종(郭泰鍾), 선우혁(鮮于爀) 등 다수의 사람들이 전송을 갔었다. 나는 가지 않았다.

문: 그때 유동열(柳東說)은 어디에서 와서 어디로 돌아갔는가?

┗, **답:** 의주(義州) 쪽에서 와서 경성(京城) 쪽으로 돌아갔다.

문: 그것은 모두 기차를 (이용) 하였는가?

       답: 그렇다.

문: 유동열(柳東說)은 선천(宣川)에서 숙박하지 않았는가?

       답: 묵지 않고, 왔던 그날로 돌아갔다.

문: 유동열(柳東說)이 중학에서 연설했을 때 교사·학생 이외의 사람들은 오지 않았는가?

       답: 양준명(梁濬明), 양전백(梁甸伯), 노정관(魯晶瓘), 안주흡(安周洽), 이용혁(李龍赫), 이창석(李昌錫), 김석창(金錫昌), 차균설(車均卨), 김득찬(金得瓚), 이정순(李正舜), 강원채(姜轅埰) 등이 왔던 것은 알고 있다. (이때 유동열(柳東說)을 가리키며)

문: 그때 신성중학(信聖中學)에서 연설했던 유동열(柳東說)은 이 사람인가, 어떠한가?

       답: 이 사람이다.

문: 틀림없는지 더 잘 보라.

    └, 답: 이 사람이 틀림없다.

문: 너는 신민회원(新民會員)인가?

    └, 답: 지금부터 4년 전 대성학교(大成學校) 교사인 차리석(車利錫)의 권유로 입회하였다.

문: 신민회(新民會)의 목적은 어떠한가?

    └, 답: 서간도(西間島)에 무관학교를 세워 청년들을 양성하는 한편, 총독과 칠적(七賊) 대신(大臣)을 암살하여 국권을 회복하고 공화 정부를 조직하는 것이 목적이다.

문: 평양(平壤)에서는 암살할 때 어디에 배치했다고 하던가?

    └, 답: 정거장 밖에 두 차례인가 세 차례 배치했다고 장응진(張膺震), 차리석(車利錫), 그 밖의 사람들로부터 들었으나, 경비가 엄중하여 이루지 못했다고 하였다.

문: 무엇을 가지고 갔다고 하던가?

    └**답**: 단총을 가지고 갔었다는 것이었으나 몇 정이었는지는 듣지 못하였다.

문: 정거장에 몇 사람 정도 갔다고 들었는가?

    └**답**: 50명 정도였다고 들었다.

문: 신민회(新民會)의 수령은 누구인가.

    └**답**: 안창호(安昌浩), 윤치호(尹致昊), 양기탁(梁起鐸), 이갑(李甲), 유동열(柳東說), 임치정(林蚩正) 등이었으나, 지금은 윤치호(尹致昊), 유동열(柳東說)이다.

위를 읽어 들려주었던 바, 틀림없다는 뜻을 진술하다.

길진형

작성일: 메이지 45(1912)년 2월 22일 경무총감부에서
신문자: 사법경찰관 조선총독부 경시 구니토모 쇼켄(國友尙謙)
통역: 사법경찰관 조선총독부 통역관 와타나베 다카지로(渡邊鷹次郎)

길진형의 삶과 자취

년도	내용
1891년 2월 17일	길선주와 신선행의 장남으로 출생
1898년	예수교 소학교(숭덕학교 전신) 입학
1902년	예수교 소학교 졸업
1902년 1월 9일	남동생 진경(鎭京) 출생
9월 11일	숭실중학교 입학
1904년 8월 26일	여동생 진주(鎭周) 출생
1907년 2월	숭실중학교 졸업(제4회)
2월 20일	남동생 진섭(鎭燮) 출생
1907-1909년	숭실학교 교사로 재직
1908년	신민회 가입
1909년 3월	숭실대학 입학
9월	오순애(吳順愛)와 약혼
1911년 1월 12일	오순애와 결혼
5월	숭실대학 졸업(제3회)
8월	선천 신성학교 교사로 부임
10월 12일	데라우치 총독 모살 혐의(105인 사건)로 체포
1912년 2월 14일	경무 총감부에서 1차 신문
2월 22일	경무 총감부에서 2차 신문

년도	내용
9월 28일	경성지방법원 제1심 재판에서 징역 5년 선고
1913년 3월 20일	경성복심법원 재판에서 무죄 선고로 석방
8월	중국 상하이로 건너감
9월 20일	미국 샌프란시스코에 도착
10월 11일	대한인국민회에 가입
10월 21일	흥사단에 가입
12월 23일	아들 낙영(洛永, 樂永) 출생
1914년-1915년 6월	산호세의 퍼시픽대학교에 재학
1916년 4-10월	대한인국민회 클레어몬트 지방회 회장으로 재직
4월 27일	곽림대, 민찬호, 임초와 함께 유년하기국어강습소 설립을 주도
7월 1일	유년하기국어강습소 개교
1917년 5월	대한인국민회 클레어몬트 지방회 학무원에 선출
8월 13일	클레어몬트 학생양성소 감독으로 임명
9월 21일	건강 악화로 클레어몬트 학생양성소 감독 사임
10월 11일	샌프란시스코에서 차이나호를 타고 귀국
11월 23일	평양에서 별세
1977년	대통령표창 추서됨
1990년	훈격(勳格) 명칭이 건국훈장 애족장으로 변경됨

참고문헌

1. 단행본

- 강규찬, 김선두, 변인서/이교남 역. 『평양노회 지경 각 교회사기』. 서울: 한국기독교사연구소, 2013.

- 곽림대. 『못잊어 화려강산』. 서울: 대성문화사, 1973.

- 국가보훈처 편. 『독립유공자 공훈록 제24권』. 세종: 국가보훈처, 2019. 『독립유공자 공훈록 제18권』. 서울: 국가보훈처, 2010.

- 國友尚謙. 『百五人事件資料集 第2卷: 不逞事件ニ依ツテ觀タル朝鮮人』. 서울: 고려서림, 1986.

- 길진경. 『길선주』. 서울: 두란노, 2007.

- 김명배. 『위대모와 평북 기독교』. 서울: 숭실대학교 출판국, 2017.

- 김원용/손보기 편. 『재미 한인 50년사』. 서울: 혜안, 2004.

- 김인서. 『김인서 저작 전집 2』. 서울: 신망애사, 1975.

- 김일환. 『한국교회 부흥의 선구자 길선주』. 서울: 한국교회총연합, 2024.

- 내한선교사사전 편찬위원회. 『내한선교사사전』. 서울: 한국기독교역사연구소, 2022. 도산안창호선생전집편찬위원회 편.

- 도산안창호선생전집편찬위원회 편. 『도산 안창호 전집 2』. 서울: 도산안창호선생기념사업회, 2000.

길진형의 생애와 독립운동

- 독립운동사편찬위원회 편. 『독립운동사 제2권: 3·1운동사(상)』. 서울: 고려 서림, 1983.

- 독립유공자공훈록 편찬위원회 편. 『독립유 공자 공훈 록 제5권』. 서울: 국가 보훈처, 1988.

- 리재현. 『조선력대미술가편람(증보판)』. 평양: 문학예술종합출판사, 1999.

- 박용규. 『평양대부흥운동』. 서울: 생명의말씀사, 2007.

- 선우훈. 『민족의 수난』. 서울: 태극서관, 1949.

- 숭실대학교 120년사 편찬위원회 편. 『평양 숭실 회고록』. 서울: 숭실대학 교 한국기독교박물관, 2017.

- 숭실대학교 한국기독교박물관 편. 『평양숭실대학 역사 자료집 VI: 숭실교 우회 회원명부』. 서 울: 숭실대학교 한국기독교박물관, 2017.

- 신성학교 동창회 편. 『신성학교사』. 서울: 신성학교 동창회, 1980.

- 양전백, 함태영, 김영훈/박용규 편/이교남 역. 『조선예수교장로회사기(하)』. 서울: 한국기독교사연구소, 2017.

- 옥성득 편역. 『마포삼열 자료집 2』. 서울: 새물결플러스, 2017.

- 옥성득. 『한국기독교형성사: 한국 종교와 개신교의 만남 1876-1910』. 서울: 새물결플러스, 2020.

- 윤경로. 『105인 사건과 신민회 연구(개정증보판)』. 서울: 한성대학교출판부, 2012.

- 윌리엄 블레어, 브루스 헌트/김태곤 역. 『한국의 오순절과 그 후의 박해』. 서울: 생명의말씀 사, 1995.

- 이병헌. 『삼일운동비사』. 서울: 시사시보사출판부, 1959.

- 장동민. 『박형룡의 신학 연구』. 서울: 한국기독교역사연구소, 1998.

- 장리욱.『나의 회고록』. 서울: 샘터사, 1975.

- 정병준.『김규식과 그의 시대 1, 고아 소년 "존"의 근대로의 여정(1881-1918)』. 파주: 돌베개, 2025).

- 정원택/홍순옥 편.『지산외유일지』. 서울: 탐구당, 1983.

- 차재명.『조선예수교장로회사기(상)』. 경성: 조선기독교창문사, 1928.

- 클라라 헤드버그 브루엔/김중순 편역.『100년 은혜, 세상과 나누리! 브루엔 선교사의 한국 생활 40년 제2권』. 서울: 기독교문사, 2014.

- 평양숭실학교 편.『崇實學報』. 平壤: 平壤崇實學敎, 1915.

- 한국기독교역사연구소 편.『3·1운동과 기독교 민족 대표 16인』. 서울: 한국기독교역사연구소, 2019.

- 한국사연구회 3·1운동 100주년 기획위원회 편.『3·1운동 100년 2: 사건과 목격자들』. 서울: 휴머니스트, 2019.

- 해리 로즈/최재건 역.『미국 북장로교 한국선교회사』. 서울: 연세대학교 출판부, 2009.

- 허호익.『길선주 목사의 목회와 신학사상』. 서울: 대한기독교서회, 2009.

- 호머 헐버트/고석주, 김형태 역.『국문본 역주 사민필지』. 서울: 소명출판, 2020.

길진형의 생애와 독립운동

2. 논문·기고문

- 강창숙. "근대계몽기 지리 교과서 『디구약론(地璆略論)』의 내용과 간행 정보 고찰." 「문화역사지리」 37/1(2025).

- 김복진. "第四會 美展 印象記." 「조선일보」 1925년 6월 3일.
  "協展五回評." 「조선일보」 1925년 3월 30일.

- 길선주. "함북 여행기." 「기독신보」 1919년 3월 5일.

- 길진섭. "미운 故鄕." 「문장」 3권 4호(1941.4).
  "不孝自叙." 「여성」 4권 7호(1939.7).

- 김도훈. "1910年 前後 美洲地域 共立協會·大韓人國民會의 民族運動 硏究." 국민대학교 대학원 박사학위논문, 2002.

- 김소연. "1920년대 미술교육과 근대화단의 재편." 「한국근현대미술사학」 38(2019).

- 김승태. "105인 사건과 선교사의 대응." 「한국기독교와 역사」 제36호 (2012.3).

- 김인서. "영계 선생 소전(상)." 「신학지남」 60호(1931.11).
  "영계 선생 소전(중)." 「신학지남」 61호(1932.1).

- 김일권. "조선 후기 關聖教의 敬信修行論." 「도교문화연구」 제40호(2014.5).

- 김일환. "길선주 목사와 아들 길진형, 길진경의 독립운동 연구: 삼부자(三父子)의 독립운동." 「시민문화 춘추」 제37호(2024.4).

- 김향숙. "개화기 여학교의 교과 및 비교과 교양교육." 「교양교육연구」 12/3(2018.6).

- 남궁원. "선교사 기일[James Scarth Gale]의 한문 교과서 집필 배경과 교과서의 특징." 「동양한문학연구」 25(2007).

- 송시섭. "3·1운동 참가자들에 대한 판결의 사법적 의미 길선주에 대한 무죄 판결을 중심으로." 「법학연구」 제30권 1호(2019).

- 신용하. "신민회의 창건과 그 국권회복운동(上)." 「한국학보」 3/3(1977.9). "신민회의 창건과 그 국권회복운동(下)." 「한국학보」 3/4(1977.12).

- 신혜리. "華岩 吉鎭燮(1907-1975)의 作品世界 硏究." 이화여자대학교 석사학위논문, 2024.

- 안수강. "길선주(吉善宙) 목사의 민족애와 현재적 함의 고찰: 그의 '韓民族言約史觀'을 중심으로." 「역사신학논총」 제36권(2020).

- 안준. "션천학교형편." 「그리스도신문」 1906년 8월 23일. "션천러신." 「그리스도신문」 1906년 8월 16일.

- 오순방. "19세기 동아시아의 최대 베스트셀러 ≪張遠兩友相論≫ 연구." 「중국어문논역총간」 24(2009.1).

- 옥성득. "1919년 3월, 평양의 3·1독립운동과 「독닙신보」." 「기독교사상」 통권733호(2020.1).

- 이고은. "19세기 한중 개신교 전도 문서의 번역자와 번역 태도 비교: 訓兒眞言(1865)과 훈ᄋ진언(1891)." 「번역학연구」 18/5(2017. 겨울).

- 이덕주. "평양 숭실에 나타난 'union' 정신과 그 역사적 의미-평양 숭실의 '연합중학교' 및 '연합대학' 시절을 중심으로." 「한국기독문화연구」 제7집(2015.2).

- 이명화. "클래어몬트 한인학생양성소 운영과 국어교육." 「한국독립운동사연구」 제25집(2005).

- 이선민. "신민회의 결성 시점에 대한 재고찰." 「대동문화연구」 제121집(2023).

- 이성전. "미국 북장로회 해외선교본부의 동아시아 인식과 105인 사건." 「한국기독교와 역사」 제36호(2012.3).

- 이승현. "신민회(新民會)의 국가건설사상: 공화제를 향하여." 「한국학」 29/1(2006).

- 이신득. "윌리엄 밀른(William Milne)의 19세기 초기 말라카 사역 연구." 「장신논단」 56/1(2024.3).

- 이신철. "대한제국기 역사교과서 편찬과 근대역사학: 『동국사략』(현채)의 당대사 서술을 통한'국민 만들기'를 중심으로." 「역사교육」 126(2013.6).

- 이현주. "1907-1910년의 청년계몽운동과 흥사단 창립." 「도산학연구」 제9집 (2003).

- 장규식. "대한인국민회 업랜드·클레몬트지방회 사례를 통해 본 1910년대 북미 한인사회의 내면." 「한국근현대사연구」 제58집(2011. 가을). "1900-1920년대 북미 한인 유학생 사회와 도산 안창호." 「한국근현대사연구」 제46집(2008. 가을).

- 장석흥. "차리석의 「한국독립당 당의의 이론 체계 초안(1942)」과 안창호의 대공주의." 「한국독립운동사연구」 제49집(2014).

- 조지숙. "흥사단의 1차 약법 개정 논의와 운동노선." 「한국근현대사연구」 제87집(2018. 겨울).

- 황재범. "『장원양우상론』의 신학적 분석과 평가-중국인들의 실존적 문제들에 대한 신학적 대답들." 「신학사상」 185(2019. 여름).

3. 신문·관보·회의록

- 「경성복심법원 판결문」1913년 3월 20일, 1920년 10월 30일.

- 「경성지방법원 판결문」1912년 9월 26일.

- 「관보」제119호(1895년 7월 22일), 제1228호(1899년 4월 6일).

- 「그리스도신문」1901년 9월 5일.

- 「기독신보」1917년 11월 28일, 12월 5일, 1920년 2월 4일, 1922년 9월 13일.

- 「길진형 심문조서」제1회(1912년 2월 14일), 제2회(1912년 2월 22일).

- 「대한인국민회 상항지방회 회장 신한이 이대위에게 보낸 통상회 경과보고」
  (1913년 10월 11일).

- 「독립신문」1899년 4월 19일.

- 「동아일보」1920년 5월 9일, 15일, 7월 5일, 8일, 16일, 1921년 3월 28일, 4
  월 11일, 1922년 8월 12일, 1927년 6월 15일, 1929년 1월 9일, 1932년 5월
  15일, 1934년 5월 15일, 7월 21일, 9월 4일, 1935년 5월 23일, 27일, 7월 10
  일, 1936년 4월 1일, 7월 17일, 1937년 7월 23일, 1940년 7월 27일, 1962년
  2월 20일.

- 「매일신보」1915년 3월 9일, 1917년 3월 21일, 1919년 3월 30일, 4월 12일,
  21일, 1924년 6월 27일, 1927년 6월 15일, 1940년 7월 5일.

- 「不逞團關係雜件-朝鮮人의 部-在歐米 1」高秘特發 제1308호, 秘受 3680호
  (1913년 8월 30일-9월 2일), 兵發秘 제345호 秘受 3723호(1913년 9월 1일, 4일),
  特秘收 제917호 秘受 3811호(1913년 9월 6일, 9일).

- 「不逞團關係雜件-朝鮮人의 部-在上海地方 5」公信 27호(1923년 1월 8일).

- 「신학지남」통권51호(1930.5), 통권68호(1933.3), 통권72호(1933.11).

길진형의 생애와 독립운동

- 「신한민보」 1910년 1월 19일, 1913년 7월 4일, 9월 26일, 10월 10일, 11일, 17일, 24일, 1914년 9월 24일, 1915년 6월 24일, 1916년 2월 8일, 2월 22일, 4월 6일, 5월 4일, 11일, 6월 29일, 7월 13일, 8월 24일, 9월 8일, 10월 5일, 11월 2일, 23일, 1917년 5월 17일, 8월 16일, 9월 6일, 10월 4일, 10월 18일, 11월 28일, 12월 5일, 20일, 1918년 1월 3일, 1920년 4월 6일, 1925년 11월 19일, 1929년 5월 23일, 1935년 6월 27일.

- 「조선일보」 1921년 6월 23일, 1923년 6월 7일, 1926년 11월 21일, 1927년 12월 13일, 1928년 3월 18일, 1929년 6월 15일, 1933년 11월 2일, 1934년 2월 23일, 3월 22일, 1935년 2월 10일, 12월 7일, 10일, 1969년 1월 5일.

- 「조선총독부관보」 제31호(1910년 10월 4일), 제430호(1928년 6월 6일).

- 「황성신문」 1899년 1월 11일.

- 『승정원일기』 고종 20년(1883) 12월 29일, 고종 23년(1886) 2월 30일.

- 『대한예수교장로회 노회 회록』(1907).

- 『예수교장로회 조선국 노회 제4회 회록』.

4. 영문 자료

- *Annual Report of Pyeng Yang Station Korea Mission for the Year 1897-1898.*

- Brown, A. J. *The Korean Conspiracy Case* (1912).

- *Letter of Mrs. McCune & Mrs. Cyril Ross to A. J. Brown* (Jan. 9, 1912).

- "Note and Personals." *The Korea Mission Field* (May. 1913).

- "Notes from Syen Chyun Station, History." *The Korea Mission Field* (Sept. 1911).

- *Official Minutes of the Third Annual Session Lorea Mission Conference Methodist Episcopal Church, 1907.*

- *Report of the Korea Mission of the Presbyterian Church in the U.S.A.* (Sept. 1907).

- *Report of the Korea Mission of the Presbyterian Church in the U.S.A.* (Sept. 1906).

5. 인터넷

- 공훈전자사료관 독립유공자 공적 정보. https://e-gonghun.mpva.go.kr/user/ContribuReportDetailPopup.do?goTocode=0&mngNo=1532&.

- 국가기록원 기록물 뷰어. https://theme.archives.go.kr/viewer/common/archWebViewer.do?archiveEventId=0034983064.

- 「국민일보」 2021년 4월 14일. https://www.kmib.co.kr/article/view.asp?arcid=0924187099.

- 국사편찬위원회 전자사료관. http://archive.history.go.kr/record/catalog/catalogView.do.

- 국사편찬위원회 한국사데이터베이스. https://db.history.go.kr/diachronic/level.do.

- 독립기념관 한국독립운동정보시스템. https://search.i815.or.kr/contents/missionary/detail.do?isTotalSearch=Y&missionaryId=007630-02-0025&sortNo=7.

- 한국학중앙연구원 한국학자료통합플랫폼. https://kdp.aks.ac.kr/inde/main?itemId=8.

- UChicago Library, Collections & Exhibits, Exhibits, Forest of Leaders: Talents and Impacts of UChicago's Korean International Students. https://www.lib.uchicago.edu/collex/exhibits/ forest-of-leaders-korean/earlystudents/sae-woon-chang.